(Couvert la Couverture)

3281

LE
THÉATRE FRANÇOIS

PAR

SAMUEL CHAPPUZEAU

ACCOMPAGNÉ D'UNE PRÉFACE ET DE NOTES

PAR

GEORGES MONVAL

Artiste du Théâtre National de l'Odéon

I0153431

PARIS

LIBRAIRIE DES BIBLIOPHILES, LEMERRE-ÉDITEUR

(3)? RUE SERPENTE

M DCCC LXVI

LE

THÉATRE FRANÇOIS

TIRÉ A 300 EXEMPLAIRES

TOUS NUMÉROTÉS

1 exemplaire sur parchemin,

10 exemplaires sur papier du Japon (1 à 10),

12   —   —   Whatman (1 à 12),

10   —   —   de Chine véritable (1 à 10)

267   —   —   de Hollande (1 à 267),

300

No

LE
THÉATRE FRANÇOIS

PAR

SAMUEL CHAPPUZEAU

ACCOMPAGNÉ D'UNE PRÉFACE ET DE NOTES

PAR

GEORGES MONVAL

Artiste du Théâtre National de l'Odéon

BIBLIOTHÈQUE NATIONALE R.F. IMPRIMÉS

DÉPOT LÉGAL Seine N° 7061 1876

PARIS

JULES BONNASSIES, LIBRAIRE-ÉDITEUR

32, RUE SERPENTE

—

M DCCC LXXVI

PRÉFACE

A vie accidentée de cet aventurier de lettres mériterait d'être racontée — disait, il y aura bientôt dix ans, M. Paul Lacroix dans la trop courte notice qu'il a placée à la suite de la réimpression du *Théâtre françois*.

M. Victor Fournel avait, en 1863, devancé ce vœu dans le tome I*er* de ses *Contemporains de Molière*[1]. Notre tâche se bornera donc à le rectifier en quelques rares et légères erreurs, et à compléter autant que possible sa très-intéressante étude.

Samuel CHAPPUZEAU (qu'on trouve écrit aussi Chappuzeaux, Chappuseau, Chapuiseau, Chapuzeau, Chapuseau, etc.) naquit en 1625, d'une famille protestante peu aisée, non pas à Genève, comme l'ont affirmé plusieurs de ses biographes, mais à Paris, « proche du Louvre » :

---

1. Hôtel de Bourgogne, notice sur Samuel Chappuzeau et *la Dame d'intrigue.* — V. aussi, tome III, théâtre du Marais, une notice complémentaire sur Chappuzeau et son *Académie des femmes.*

a

il nous l'apprend lui-même dans son *Allemagne protestante* et dans la dédicace de sa *Dame d'intrigue*.

Son père, maistre Charles Chappuzeau, de la ville de Poitiers, était avocat au Conseil privé du Roy et avait publié quelques ouvrages de morale et de jurisprudence, entre autres : le *Devoir général de l'homme en toutes conditions* (1617)[1], et un *Traité des diverses juridictions de France* (1618) qui eut un assez grand nombre d'éditions successives[2].

Le jeune Samuel fit ses humanités à Châtillon-sur-Loing et sa philosophie à l'Université de Genève.

A seize ans, il revient en France et abjure le protestantisme. En 1644, il rétracte son abjuration et va étudier la théologie à Montauban, puis, muni du titre d'avocat au Parlement de Paris, commence sa vie d'aventures e

1. LE DEVOIR GENERAL DE L'HOMME EN TOUTES CONDITIONS envers Dieu, le Roy, le public, son prochain & soy-mesme : De sa vie, de sa mort, corporelle, spirituelle, temporelle, eternelle. Divisé en six livres, par Charles Chappuzeau, aduocat au Conseil privé du Roy, à Paris, MDCXVII. Auec priuilege du Roy. Se vend au bout de la rüe Betysi, à la fleur de Lys, in-8° de 3 pages, précédé d'une *Epistre au Roy*.

2. TRAICTÉ DES DIVERSES JURISDICTIONS DE FRANCE : des Evocations, Reiglement de juges; Procès de partage; Priuileges de juridiction; Requestes ciuiles; Propositions d'erreur; Récusation Contrarieté, & Cassation d'arrests; Peremption d'instances; Et fin de non-receuoir, par Charles Chappuzeau, aduocat au Conseil privé du Roy — à Paris, chez Geffelein & Thiboult, au Palais, la gallerie des prisonniers — MDCXVIII, auec priuilege du Roy in-8° de 126 pages, dédié à Mre M. Nicolas Chevalier, 1er préside de la Cour des Aydes, Directeur des Finances.

d'exil perpétuel par un voyage en Écosse, à la suite d'un gentilhomme.

Après quelques pérégrinations en Allemagne (à Brême, où il est professeur ; à Cassel, où la landgrave de Hesse, Élisabeth de Hanau, veuve de Guillaume V, lui confie le soin d'écrire l'histoire de sa régence), nous le trouvons à Lyon, correcteur d'imprimerie[1]. Il y épouse une Genevoise, Marie de La Serra[2], dont il a un fils qu'il conduit à Paris en 1651. Après un séjour de six années à Lyon, il passe deux ans en Hollande, où il est attaché au service de la maison d'Orange, comme précepteur du jeune Guillaume III, le futur roi d'Angleterre, sous la haute direction du célèbre ministre Jean de Witt.

Puis on le trouve successivement chez l'Électeur palatin, à Creutznach dans le cercle électoral du Rhin, à Berlin, où il demeure quelque temps, et enfin à Paris, où il donne une traduction des *Colloquia* d'Érasme et fait baptiser un enfant sous le nom de Jean, au temple de Charenton (9 juillet 1662).

L'année suivante, il voyage dans les cours d'Italie, séjourne à Turin, puis à Genève, qui lui confère, à lui et à ses quatre fils, le titre de bourgeois de la République (1666).

Le 1er janvier 1667, Chappuzeau part de Lyon et voyage dans le midi, à Carcassonne, Nîmes, Montpellier. A la fin de février, il est à Paris, se montre à Saint-Germain, à Chantilly, à Versailles, au Luxembourg, et assiste aux

---

1. V. Péricaud aîné, *Documents sur Lyon.*
2. A Jal, *Dictionnaire critique,* v. Chappuzeau.

dernières représentations du *Ballet du Roy*[1]. De Calais, il passe pour la seconde fois en Angleterre, revient à Paris, et, le 15 mars 1669, quitte la grande ville pour un nouveau voyage en Suisse et en Allemagne, où il colporte les deux volumes de l'*Europe vivante*[2], résumé de ses observations et fruit de ses courses lointaines.

En juin, il est à Pyrmont, dans la principauté de Waldeck, et y fait représenter une comédie locale dont nous parlerons plus loin. Il recueille, dans les innombrables petites cours, principautés, cercles et électorats germaniques, les matériaux de son *Allemagne protestante*, qui paraît deux ans plus tard, en 1671. Après un nouveau voyage à Turin, où il a une audience de J.-B. Truchi, Conseiller d'État et Président du Conseil des finances de S. A. R. de Savoie, il passe à Cologne l'hiver de 1672, et revient à Paris tracer le plan du *Théâtre françois*, objet du présent travail : il en écrit les premiers chapitres au lendemain de la mort de Molière, et l'imprime à Lyon l'année suivante.

En 1675, devenu veuf, il épouse en secondes noces Marie Trichot, dont il a un fils, *Vincent*, né à Paris le 21 juillet 1676, et inhumé, le 7 août suivant, au cimetière des Saints-Pères, « en présence de son père et de Vincent Savin, banquier, parrain de l'enfant.[3] »

Forcé de s'expatrier après la révocation de l'édit de

1. *L'Europe vivante*, t. II, pages 106, 107 et suiv.

2. « Avec un cheval de bagage chargé de toute l'*Europe*. » (*Allemagne protestante*, p. 9).

3. Registres protestants, cités par A. Jal, dans son *Dictionnaire critique*, 2ᵉ édition, page 362.

Nantes, Chappuzeau reprend le chemin de l'Allemagne, trouve, avec un grand nombre de ses coreligionnaires, un asile hospitalier chez le duc de Brunswick-Lunebourg, George-Guillaume, devient gouverneur de ses pages, et meurt dans sa résidence ordinaire, à Zell (basse Saxe), le 18 août 1701, âgé de soixante-seize ans, infirme, aveugle et pauvre.

Pauvre... Chappuzeau l'a toujours été; mais, en vrai philosophe, il a fait contre fortune bon cœur; patient, actif, souple et modeste, il est propre à tous les emplois, tête de tous les métiers et porte bravement sa misère. Toujours satisfait, il enveloppe dans un optimisme aimable, mais un peu banal, le Roi, les princes d'Allemagne, la langue française (qu'il avoue n'avoir jamais bien sue, ayant passé presque toute sa vie hors du royaume), l'Académie, les auteurs contemporains, les trois théâtres de Paris et même ceux de Londres. Il a tout vu, tout fait, tout essayé; c'est un bohème, mais si bon, si humble, si naïf, si sincère! type curieux, qu'il faut étudier; figure sympathique, qu'il faut aimer!

Nous avons suivi dans ses principales étapes cette existence vagabonde et cosmopolite : ajoutons, et prouvons qu'elle fut laborieuse et féconde, par une revue rapide des nombreux ouvrages qu'elle produisit en tout genre.

Le premier en date est : LYON DANS SON LUSTRE, *discours divisé en deux parties : la première embraſſe les Éloges de la ville & des habitans; la deuxieme, par une recherche curieuſe, met au jour l'état préſent du corps eccléſiaſtique, du politique, & du militaire; ſuivy des noms & qua-*

*litez de tous ceux qui les gouuernent, & de plufieurs autres
fingularitez.* — A Lyon, chez Scipion Iafferme, aux
depens de l'autheur. M. DC. LVI, auec priuilége du
Roy[1]. »

Chappuzeau habitait Lyon depuis six ans; il y connut
certainement Molière, alors directeur d'une troupe de
campagne qui vint en cette ville pour la première fois en
décembre 1652, compoſée de Charles Dufresne, des deux
Béjart et de leurs sœurs Geneviève et Madeleine, de
Ragueneau, de Mlle Du Parc et du couple De Brie. Il a pu,
l'année suivante, assister à la première représentation de
l'Étourdi, dans le jeu de paume proche Saint-Paul, et à celle
d'*Irène,* tragédie du jeune avocat lyonnais Claude Basset,
où Molière, qui se partageait alternativement les héros
avec Joseph Béjart[2], joua le rôle de Mahomet II. En 1654
et 1655, il a rencontré le grand homme en compagnie
de Dassoucy, son parent dans la grande famille bohème,
peut-être sur le seuil de M. Fleurant, l'apothicaire de la
rue Saint-Dominique, dont l'auteur du *Malade imaginaire*
immortalisera le nom. C'est, en tout cas, à l'Illustre
Théâtre que Chappuzeau fait allusion lorsqu'il écrit, à la
page 43 de son livre : « *Spectacles publics.* Le noble amusement des honnêtes gens, la digne debauche du beau
monde & des bons efprits, la Comedie, pour n'être pas
fixe comme à Paris, ne laiffe pas de fe jouër icy à toutes

---

1. 1 vol. in-4°.
2. V. le *Contrat de société entre les Comédiens de l'Illustre
Théâtre,* du 30 juin 1643, publié par M. Louis Moland, dans *le
Français* du dimanche 16 janvier 1876.

les faifons qui là demandent, & par une troupe ordinairement qui, toute ambulatoire qu'elle eſt, vaut bien celle de l'Hôtel qui demeure en place. »

C'est la seule trace qu'on trouve, en tout *Lyon dans son luſtre*, des différents séjours de Molière, qui, le 23 février 1653, signait au mariage de Du Parc[1]; en juin 1654, revenait à Lyon, où il enterrait, le 18 août suivant, Cyprien Ragueneau, le père de Mlle La Grange, en l'église Saint-Nisier; le 29 avril 1655, y était, avec Charles Dufresne, témoin d'un mariage, et devait y reparaître deux fois encore, mais après la publication de *Lyon dans son luſtre*.

C'est en cette ville que, la même année 1656, Chappuzeau donne son CERCLE DES FEMMES, *ou les Secrets du lit nuptial,* entretiens comiques en prose, dédiés à S. A. S. Mme la duchesse palatine de Summersen, née princesse d'Orange[2].

L'année suivante, il publie à Amsterdam PYTHIAS ET DAMON, *ou le Triomphe de l'amitié,* tragi-comédie[3], et, en 1658, à Leyde, ARMETZAR, *ou les Amis ennemis,* tragi-comédie en cinq actes, dédiée à M. Snoeckaert de Schaunburgh[4]. Ces deux œuvres sont très-rares.

En mai 1661, il fait jouer par la troupe de Molière, devenue « troupe de Monsieur, frère unique du Roy »,

1. A l'Eglise Sainte-Croix, de Lyon.
2. Lyon, chez J. Girin et D. Rivière, s. d. (V. les frères Parfaict, t. IX, page 78.)
3. In-12, chez Jean Ravestein, 1657
4. Chez Jean Elzevir, in-12

la première pièce composée sur les financiers : *le Riche
impertinent*, comédie en cinq actes et en vers, qui eut
huit représentations consécutives sur le théâtre du Palais-
Royal, accordé depuis peu à Molière en échange de la
salle du Petit-Bourbon.

Voici le tableau des recettes, d'après le *Registre* de La
Grange, qui porte inscrit en marge « piece nouuelle de
M. Chapuseau » :

Vendredi	6	Mai	1ʳᵉ	du *Riche impertinent*	375 ᵗᵗ
Dimanche	8	—	2ᵉ	—	385
Mardi	10	—	3ᵉ	—	100
Vendredi	13	—	4ᵉ	—	220
Dimanche	15	—	5ᵉ	—	356
Mardi	17	—	6ᵉ	—	200
Vendredi	20	—	7ᵉ	—	180
Dimanche	22	—	8ᵉ	—	300

Donné *seul* en sa qualité de *grande* pièce, *le Riche impertinent* produisit donc une moyenne de 264 liv. 10 s.,
recette honorable pour le temps. Néanmoins Chappuzeau
retire sa comédie et la porte à l'Hôtel de Bourgogne,
troupe rivale pour laquelle il marquera désormais sa pré-
férence en mainte occasion.

Il change le titre en celui de : LE RICHE MÉCONTENT,
ou le Noble imaginaire, sous lequel, en 1662, la pièce est
représentée par la troupe royale de l'Hôtel et publiée,
peu après, chez Loyson et Ribou[1].

1. In-12 avec dédicace à S. A. R. Mademoiselle, du 6 mars 1662;
le privilége du Roy est du 8 juin; et l'achevé d'imprimer pour la
première fois, du 1ᵉʳ aout.

Le Riche impertinent devait changer de masque une fois encore, car ce n'est qu'une reproduction textuelle du *Riche mécontent* que la comédie du *Partifan duppé*, qui se trouve en tête du recueil connu sous le nom de : LA MUSE ENJOUÉE, *ou le théâtre comique du fieur Chappuzeau, avocat au Parlement de Paris*[1].

Ce recueil factice se compose de quatre comédies en vers, avec pagination distincte :

1° LE PARTISAN DUPPÉ, en cinq actes (84 pp.). Le rôle principal est celui d'un riche financier, Raimond : autour de lui Géronte, Crispin, Lisette, et deux noms empruntés aux *Précieuses ridicules :* Polyxène et Aminte.

2° LE RICHE VILAIN, *ou la Dame d'intrigue*, en trois actes (72 pp.).

C'est le titre sous lequel fut représenté, en décembre 1663, sur le théâtre royal de l'Hôtel de Bourgogne, L'AVARE DUPPÉ *ou l'Homme de paille*, achevé d'imprimer pour la première fois le 23 novembre 1662, sans nom d'auteur[2]. La réimpression faite vers 1664 ou 65, sous le titre de : LA DAME D'INTRIGUE *ou le Riche vilain*, est dédiée à S. A. R. Mme la duchesse de Savoye, reine de Chypre.

Dans cette comédie, Chappuzeau paraît avoir fourni à

1. Lyon, J. Girin et D. Rivière, s. d. in-12. L'exemplaire de la Bibliothèque nationale (Y. ✠ 5.515) a appartenu, selon l'inscription placée sur la garde, à la belle-sœur de Molière, Geneviève Béjart, autrement Mlle Hervé.

2. Le privilège était du 28 septembre 1662, et la pièce parut sans dédicace, à Paris, chez Guillaume de Luyne, in-12, en 1663.

Molière, qui ne négligeait ou dédaignait aucune source d'inspiration, quelques traits de *l'Avare*. Harpagon n'est pas sans rapports avec son Crispin, vieillard soupçonneux et méfiant, avare et ladre au dernier point[1]; sa dame d'intrigue, Ruffine[2], deviendra aisément Frosine sous la plume de Molière, qui la qualifie « femme d'intrigue ». Quant au valet Philippin, ce sera la Flèche cinq ans plus tard. — Chappuzeau s'est servi de Juvénal, de Plaute et d'un auteur espagnol qu'il ne nomme pas et qu'il a « habillé à notre mode ». Il découvre ingénûment ses larcins et cite ses sources[3].

M. Victor Fournel a réimprimé cette pièce dans le tome 1er des *Contemporains de Molière*. (Hôtel de Bourgogne.)

3° LES EAUX DE PYRMONT, en trois actes avec un prologue en vers libres (72 pp.). Cette petite pièce fut représentée au mois de juin 1669, à Pyrmont, résidence du prince de Waldeck, et dont les eaux minérales ferrugi-

---

1. Molière et Chappuzeau ont puisé à la même source, *l'Aulularia* de Plaute (acte IV, sc. iv), où Euclion examine les mains de Strobile, qu'il soupçonne de lui avoir dérobé quelque objet : « *Tertiam?* » demandait le personnage de Plaute; « *l'autre?* » dit Chappuzeau ; « *les autres?* » osera Molière.

2 « Ruffine, dont l'esprit n'eut jamais son pareil,
   Madrée au dernier point, belle comme un soleil,
   Qui joue et va grand train et s'habille en princesse,
   Et dont le revenu n'est qu'intrigue et qu'adresse. »

3. « Pourquoi, dit-il, m'en voudroit-on plus mal qu'à tant d'autres du métier, qui ont volé sans le dire? »

neuses étaient et sont encore vantées pour leurs vertus curatives.

4° LE CERCLE DES FEMMES, en trois actes (60 pp.). C'est la réimpression, avec quelques changements, de *l'Académie des femmes,* comédie en trois actes et en vers, représentée « avec applaudissement, grâce à la belle exécution, » sur le théâtre du Marais, au mois d'octobre 1661, et qui parut la même année[1], précédée d'une épître dédicatoire à M. de Pertuy, capitaine des gardes de M⁢ʳ de Turenne.

Le sujet est tiré des *Dialogues* d'Érasme, que Chappuzeau traduisait à cette époque, et notamment des *Colloques* qui ont pour titres : *Proci et puellæ* (acte Iᵉʳ, sc. IV); Ἱππεὺς ἀνίππιος, *sive ementita nobilitas* (acte II, sc. VI) et *Senatulus, ou le Conciliabule des femmelettes* (acte III). Il y a, surtout dans le troisième acte où Guillot, valet d'Hortense, paraît déguisé en marquis, de très-grandes analogies avec *les Précieuses* de Molière qui, à son tour, se souvint de quelques passages de *l'Académie* dans son *École des femmes* (scène d'Alain et Georgette) et ses *Femmes savantes* (couplet fameux du bonhomme Chrysale). Ces divers emprunts ont échappé à Cailhava dans la deuxième partie de son ART DE LA COMÉDIE consacrée à *l'Imitation,* et dans ses ÉTUDES SUR MOLIÈRE.

Telles sont les œuvres de théâtre laissées par Chappuzeau, qu'il faut compléter par :

---

1. A Paris, chez Aug Courbé et Louis Billaine, in-12. 1661. — *L'Académie des femmes* vient d'être réimprimée par M. Victor Fournel, dans le tome III de ses *Contemporains de Molière.*

COLIN-MAILLARD; comédie facétieuse en un acte et en vers de huit syllabes, représentée en 1662 à l'Hôtel de Bourgogne, et dédiée à Mme Lescot, veuve d'un orfévre, précieuse ou curieuse à la mode. Cette petite pièce, dont le sujet était tiré d'un conte du *Moyen de parvenir*, fut rhabillée à la moderne par Dancourt, en 1701, l'année même de la mort de Chappuzeau;

Et LES PARFAITS AMIS, *ou le Triomphe de l'amour & de l'amitié*, simple réimpression, faite en 1672, de la tragi-comédie de *Damon & Pythias* qui commence cette nomenclature.

Reprenons maintenant l'ordre chronologique pour achever l'examen de cet œuvre considérable et divers :

En 1662, Chappuzeau, nous l'avons dit, avait donné une traduction des *Entretiens* d'Érasme. En 1666, il publie celle des *Colloques* de Mathurin Cordier.

L'année suivante paraît à Genève le tome 1er de sa grande compilation : L'EUROPE VIVANTE, où ses notes de voyages sont entremêlées de détails autobiographiques dont nous avons fait profit plus d'une fois.

Le titre seul de ce gros in-4°, qui ne contient pas moins de 528 pages[1], est un chef-d'œuvre d'annonce à grand fracas, et vaut bien d'être reproduit en entier :

---

1. Il porte pour épigraphe : *Arte & Marte.*

L'EVROPE
VIVANTE
ou
RELATION NOUVELLE
. HISTORIQUE ET POLITIQUE
de tous ses Estats

SELON LA FACE QU'ILS ONT SUR LA FIN DE L'ANNÉE M. DC. LXVI
REPRESENTEZ EN DIVERS TABLEAUX

QUI EN DECOUVRENT

L'Étenduë, la Qualité, le Commerce, les Forces, les Revolutions,
La Religion, le Gouvernement, les Prétentions, & les Intérests:

SUIVIS

DES PORTRAITS ET DES ALLIANCES
Des Roys & des Princes.

OU IL EST TRAITTÉ

De l'Estat de leurs Cours, du Génie de leurs Peuples,
Des Universitez & Bibliothèques celebres,
Des Academies d'Éloquence, &c.
Des Personnes Illustres dans chaque Profession.

AVEC UN RECUEIL

Des Choses les plus Mémorables qui se sont passées dans l'Europe depuis la
Paix generale; Des Révolutions; Des Prodiges; Des Guerres; Des
Attentats; Des Traitez de Paix; des grands Desseins; Des
nouvelles Découvertes; Des Actions solemnelles; Des
Morts; des Naissances; Des Mariages illustres.

A GENEVE
Pour JEAN HERMAN WIDERHOLD

M. DC. LXVII
Avec Priuilege du Roy Tres-Chrestien.

Le tome II parut à Genève, chez le même libraire, au commencement de 1669, in-4° de 326 pages. Il est dédié aux Princes et Etats protestants de l'Allemagne, qui feront l'objet de tome III, publié en 1671 sous le titre de L'ALLEMAGNE PROTESTANTE, *fuite de l'Europe vivante, contenant la relation nouvelle d'un voyage fait aux cours des Électeurs & des Princes proteftans de l'Empire aux mois d'avril, may, juin, juillet & aouft de l'année M.DC.LXIX, où l'on void quelle eft la face préfente de plufieurs Eftats d'Électeurs & de Princes de l'Empire, l'origine de leurs maifons, leur accroiffement & leurs alliances, avec les portraits des Princes & des Princeffes, fuivis des éloges des perfonnes les plus illuftres de ce temps dans le miniftere, dans les armes & dans les fciences.* — A Genève, chez Jean Herman Widerhold, in-4° de 556 pages.

L'infatigable polygraphe donne un supplément à cette œuvre dans une *Relation de l'état préfent de la maifon électorale & de la cour de Baviere*, publiée en 1673, au moment même où il écrit son *Théâtre françois*, qui ne sera imprimé que l'année suivante.

Après ce livre, sur lequel nous nous arrêterons tout à l'heure, l'auteur s'attelle à de nouveaux travaux d'un genre absolument différent:

En 1675, il publie à Bâle un *Dictionnaire nouveau françois & allemand, & allemand & françois, qu'accompagne le latin.*

En 1676, il rédige les deux premiers volumes des *Voyages de Tavernier*; donne, en 1689, une traduction du *Lexicon* de Hoffmann, et enfin le *Deffein d'un Nouveau Dictionnaire hiftorique, géographique, chronologique & philologique.* (1694.)

Il fait gémir la presse même après sa mort, car, en 1702, fut imprimé à Zell le poëme en cinq chants *Genève délivrée*, qu'il avait composé sur l'escalade en 1662[1]. — Son *Histoire de la Royale maison de Savoie* paraît être restée manuscrite.

Théâtre sérieux ou comique, généalogie, histoire, traductions, compilations, voyages et critique littéraire, Chappuzeau, qui s'accusa lui-même du « mal invétéré d'écrire », a tout fait, tout abordé avec un égal courage et — disons-le — une égale médiocrité.

Son œuvre est considérable ; son nom, presque oublié.

Ce qui mérite d'en être sauvé est assurément le petit livre que nous réimprimons aujourd'hui. Quoi qu'en ait dit son biographe de 1813, M. de Villenave, ce n'est pas là un ouvrage sans ordre et sans exactitude ; il abonde en renseignements précieux, et M. V. Fournel a eu raison de dire « qu'il faut le consulter dès qu'on s'occupe de la matière ».

Le manuscrit autographe du *Théâtre françois*, qui est actuellement à Moscou, dans la bibliothèque publique Roumianzoff, porte la date de 1673 ; c'est un bel in-4° de 207 pages, relié en maroquin rouge, aux armes du Roi, avec cette note sur le titre : « *Pour la troupe du Roy, à qui cet ouvrage est particulierement dévoué*

« *Par son tres-humble & tres-obligeant serviteur,*

« CHAPPUZEAU. »

Le livre parut l'année suivante à Lyon, chez Miche

1. 1 vol. in-4°.

Mayer[1] et se vendit « à Paris, chez René Guignard, rue
« St-Jacques, à l'image St-Basile, vis-à-vis St-Yves, avec
« permission ». Il n'eut pas les honneurs d'une seconde
édition. Aussi l'original en était déjà rare au siècle dernier[2]; il est aujourd'hui rarissime, pour ne pas dire
introuvable, en dehors des bibliothèques publiques, et
encore les exemplaires n'en sont-ils pas tous complets.

La seule réimpression, faite en 1867 à l'étranger[3], n'a
pu être surveillée ni revue par ses savants éditeurs et
commentateurs, MM. Edouard Fournier et Paul Lacroix ;
elle est très-souvent fautive, présente de nombreuses
omissions, n'est pas imprimée avec les sortes anciennes
et n'a pas respecté l'orthographe du temps. Elle est
d'ailleurs peu répandue, ayant été tirée seulement à
106 exemplaires.

Le *Théâtre françois* est, avec la *Pratique* de l'abbé d'Aubignac, la base de toutes recherches sur notre ancienne
Comédie française ; Chappuzeau est le premier historio-
graphe de cette période glorieuse, avant Beauchamps et
Maupoint, avant Parfaict, avant Mouhy et Des Essarts.
C'est la source commune à laquelle tous ont plus ou
moins puisé. Cependant il avait été peu cité jusqu'à ces
dernières années, sauf par les frères Parfaict et leurs
copistes.

---

1. In-12 de 10 f. prélim. et 284 pages.

2. « Cet ouvrage est très-rare », disait, en 1786, Jean Senebier, qui
en fait à tort un volume in-8° (V. *Histoire littéraire de Genève*,
t. II. p. 229-231.)

3. Bruxelles, imprimerie de A. Mertens, petit in-12 de 180 pages.

MM. Édouard Thierry, Édouard Fournier, Paul Lacroix, Victor Fournel, Louis Moland, l'ont souvent mis à contribution et invoqué à l'appui de leurs ingénieuses trouvailles.

M. Eugène Despois en a fait un précieux usage pour son *Théâtre-Français sous Louis XIV*.

Enfin, tout récemment, M. Jules Bonnassies a cité et réimprimé *in extenso* de nombreux passages du troisième livre dans son intéressante *Histoire administrative de la Comédie-Française*. Il a fait l'éloge de cette œuvre enthousiaste et naïve « dont les confidences, dit-il, ne sauraient trop être écoutées », véritable plaidoyer pour le théâtre et les comédiens, qu'on prendrait volontiers pour un livre de commande, imprimé aux frais de la Comédie, si l'on ne connaissait l'optimisme universel de Chappuzeau.

Notre honorable éditeur était, plus que personne, à même d'apprécier la valeur réelle du *Théâtre françois*, et de donner une réimpression complète et fidèle de l'édition originale. Il a voulu conserver l'orthographe exacte du temps, « ce qui — selon M. Francisque Sarcey — ne plaît guère aujourd'hui » : « Nous ne sommes plus habitués — dit-il — à ces combinaisons de lettres qui distraient et embrouillent. Il y a là un peu de superstition d'éditeur. »

Nous croyons au contraire, avec tous les bibliophiles, que l'orthographe et la ponctuation du temps sont comme le costume, l'accent et la physionomie propre d'un ouvrage.

Nous croyons surtout qu'il était utile de réimprimer ce curieux ouvrage, témoin le plus sincère et le plus authentique de l'état du théâtre en France à la mort de Molière; il sera le complément indispensable et le commentaire obligé de ce précieux *Registre de La Grange,* que la Comédie-Française vient de publier avec un luxe digne d'elle et de son illustre fondateur.

GEORGES MONVAL

Artiste du théâtre national de l'Odéon.

LE THEATRE

FRANÇOIS

DIUISÉ EN TROIS LIURES

où il eſt traité

I. De l'Vſage de la Comedie.

II. Des Autheurs qui ſoûtiennent le Theâtre.

III. De la Conduite des Comediens.

A LION, & ſe vend

A PARIS

Chez RENÉ GUIGNARD, Ruë
Saint Jacques, à l'Image saint Baſile
vis à vis saint Yves

M. DC. LXXIV.

AUEC PERMISSION

LE THEATRE

FRANÇOIS

DIUISÉ EN TROIS LIURES

où il est traité

I. De l'Vsage de la Comedie.

II. Des Autheurs qui soûtiennent le Theâtre.

III. De la Conduite des Comediens.

A LYON,

Chez **MICHEL MAYER**,

Ruë Merciere à la Verité

M. DC. LXXIV.

AVEC PERMISSION.

A SON EXCELLENCE

MONSEIGNEVR

IEAN-BAPTISTE TRVCHI,

COMTE DE SAINT-MICHEL, CHEVALIER GRAND CROIX DE LA
SACRÉE RELIGION ET MILICE DES SS. MAURICE ET LAZARE,
COMMANDEVR DE SAINTE MARIE DE CHIVAS, CONSEILLER
D'ESTAT, PRESIDENT ET CHEF DU CONSEIL DES FINANCES DE
SON ALTESSE ROYALE DE SAVOYE.

MONSEIGNEVR,

*L*ES pompeux *Spectacles ont toûjours esté le noble amusement des Grands Hommes, quand ils ont voulu se donner quelque relasche dans les soins qui les ôcupent incessamment pour le bien & la gloire des Estats. C'est ce qui en fait le plus éclater la felicité, & quand on void les souverains & les Peuples dans la joye, c'est vne marque assurée que le dedans est tranquille, & que l'on ne craint point d'orage du dehors. Cette felicité,* MONSEIGNEVR, *est deüe à la force du genie d'vn Prince agissant, & à la sage conduite de ses Ministres, & c'est*

1

de ces mémes sources que partent toutes les réjoüiſſances publiques, dont la magnificence de nos Theátres & la beauté des Poëmes qui y ſont repréſentez ſont la meilleure partie. Ie ne touche icy que l'Hiſtoire du Theâtre Fran- çois depuis qu'il eſt dans ſon luſtre, & puis qu'elle s'étend juſques au Piémont & juſqu'à la Mer Balthique, & que Son Altesse Royale de Savoye auec de Grans Princes de l'Empire font de nos Poëmes Dramatiques vn de leurs plus doux diuertiſſemens, j'ay crû, Monsei- gnevr, que Vostre Excellence ne trouueroit pas tout a fait mauuaiſe la hardieſſe que ie prens de luy deuoüer cet ouurage, & de le donner au public ſoûs vn ſi Illuſtre Nom. Ce n'eſt qu'après auoir expoſé mon manuſcrit à la cenſure des gens les plus éclairez dans ces matieres, & qu'apres auoir eſté aſſuré que ie le pouuois produire ſans honte, puiſqu'ils l'auoient leu auec plaiſir. Quelque paſ- ſion que j'euſſe depuis deux ans de donner à Votre Excellence des marques de la grande veneration que ſon merite extraordinaire m'a dû inſpirer, ie m'y ſerois mal pris en luy offrant auec mes profonds reſpects vn ouurage dont l'on ne m'auroit donné nulle bonne opinion, & qui ne puſt ſe promettre qu'vn regne de peu d'années. Celuy-cy ſe flate d'vn deſtin heureux, & doit eſtre bien receu ſelon le ſentiment de nos Critiques; & ils ont jugé qu'eſtant le premier qui s'eſt auiſé de donner au Theâtre François vne face nouuelle, qui expoſe aux yeux des Spectateurs le bon vſage de la Comedie, & les deux ſortes de perſonnes qui contribuent aux auantages que nous en tirons, il y aura peu de gens en France, de ceux méme qui condannent les ſpectacles, que le titre de mon Liure

ne porte à lire ce qu'il promet. Mais, MONSEIGNEVR, ie
fuis tres-perfuadé qu'ils prendront infiniment plus de plaifir à contempler le portrait que ie tafcheray de leur faire
icy de VOTRE EXCELLENCE, & qu'ils auoüront qu'encore qu'il parte d'vne main tremblante, & qu'il ne foit
qu'ebauché, ils y auront decouuert des traits admirables
de l'original, qu'on ne fçauroit parfaitement imiter. C'eſt
de ce portrait, MONSEIGNEVR, dont mon idée a eſté inces-
famment remplie depuis l'honneur que VOSTRE EXCEL-
LENCE, me fit de me foufrir dans fon entretien. Elle eut
la bonté de me receuoir auec cet air engageant qui luy
gagne les cœurs de tout le monde, & particulierement des
Etrangers, qu'elle ne renuoye jamais que tres fatisfaits.
Pendant vne heure que me dura la gloire que j'eus de
parler à VOSTRE EXCELLENCE, qui voulut bien que je
l'entretinſſe de mes voyages en Alemagne, en Angleterre
& au Nord, j'eus le temps, MONSEIGNEVR, de contempler
cette haute mine, cet air graue & doux, ce teint vif, ces
yeux pleins de feu, ce ton de voix qui charme l'oreille,
cette aftion fi belle & fi degagée, & en general tout ce dehors
admirable qui Vous attire d'abord de la ceneration & de
l'amour. Mais, MONSEIGNEVR, je dois auoüer que ie ne
m'arreſtay pas tant à ce bel exterieur, à ce magnifique
frontifpice, qu'à ce que ie me promettois de la beauté du
dedans, & fur la foy de mes yeux & de mes oreilles ie,
me confirmay entierement dans la creance que j'auois eüe
en la foy publique, qui m'auoit depeint VOSTRE EXCEL-
LENCE, comme vne des plus fages perfonnes de la Terre,
& des plus éclairées dans les affaires de tous les Eſtats.
Ie découuris dans fon entretien des lumieres qui ne

m'auoient point paru jufques alors, & j'en tiray de belles
inftructions pour le projet que j'ay fait de remettre plus
exactement mon Europe Viuante fous la preffe. C'eft,
MONSEIGNEVR, cette voix publique qui m'apprit encore,
dans mes deux voyages à Turin, qu'eftre defintereffé,
qu'eftre fincere, laborieux & zelé pour le feruice & la
gloire de fon Prince font de rares qualitez effentiellement
attachées à VOSTRE EXCELLENCE, & bien connues de
SON ALTESSE ROYALE, qui eftant vn Prince actif & ma-
gnanime, veut vn Miniftre qui foit vigilant & genereux.
Le choix qu'elle a fait de Vôtre Perfonne pour la charge
la plus importante de l'Eftat, l'ame & le foûtien de
toutes les autres charges, a efté ápuyé fur vôtre propre
merite, à qui vous deuez toute Vôtre gloire, fans que la
brigue y ayt eu la moindre part. L'Augufte Maitre que
Vous feruez eft vn des Princes du monde les plus éclairez,
il fçait admirablement l'art de connètre les hommes, autant qu'il connoift le prix des chofes, & il ne Vous
honore particulierement de fa confidence, que parce qu'il
eft perfuadé que Vous en eftes tres digne, & que Vous le
feruez avec vne entiere fidelité, & vn zele incomparable.
Il a decouuert en Vous le parfait caractere d'vn Grand
Miniftre d'Eftat, & fur tout vn efprit laborieux & infatigable, ce qui luy a plû infiniment; ce Grand Prince,
qui fert d'exemple à fes peuples, eftant bien aife de voir
fon image en fes principaux Miniftres, & l'amour de la
gloire qui ne fe trouue pas moins dans le calme que dans
l'orage & à conferuer des Eftats qu'à en aquerir, l'ayant
endurci dans les trauaux. Le bien des affaires de S. A. R.
& la felicité de fon regne font, MONSEIGNEVR, les foins

glorieux qui *Vous* ocupent vniquement; vous auriez fait scrupule de les partager auec les penfées où la Nature nous porte pour des enfans, & ne feroit-ce point par cette raifon que le Ciel ne vous en a pas donné? De trois Illuftres Freres que *Vous* auez, dont le Piémont s'eft fait deux Euefques, le Comte de S. Michel, Seigneur qui a de tres belles qualitez, eft le feul qui peut foûtenir *Vôtre* Famille, & eterniser vn Nom, que *V. E.* rend fi fameux. C'eft, MONSEIGNEVR, à ce Nom fameux, & que d'ailleurs l'Hiftoire aura foin de conferuer, que ie prens la hardieffe de confacrer cet ouurage. Il traite des Spectacles & de la magnificence qui les àcompagne : mais quelques pompeux qu'ils foient, comment oseront ils parêtre en *Vôtre* Cour, tandis qu'apres auoir aplani les Alpes, SON ALTESSE ROYALE, qui ne fait que de Royales entreprifes, trauaille inceffamment à donner à l'Vniuers vn fpectacle des plus fuperbes, & qui durera toûjours, par vn agrandiffement confiderable de fa Uille de Turin? Quoy qu'il ne fe puiffe rien imaginer de plus beau dans la Nature que ce riche amphitheâtre, ce cofteau delicieux qu'elle a en veüe le long du Po, & que cette fuite de magnifiques Hoftels qui regnent depuis la porte du Valentin iufques au Palais Ducal, le projet de SON ALTESSE ROYALE va donner vn nouueau luftre à Turin, qui ne deura ceder à aucune des plus belles Villes d'Italie. Ce fera là, veritablement, vn Spectacle à voir & à attirer de bien loin les Etrangers ; mais, MONSEIGNEVR, ces Illuftres foins n'empefchent pas que SON ALTESSE ROYALE ne jette quelquefois les yeux fur d'autres moindres fpectacles, & qu'ayant le gouft fin & delicat, & le difcer-

nement excellent pour toutes les belles productions,
Elle ne prenne part à la representation d'vn Poëme
Dramatique. Elle témoigne que nôtre Theâtre François
ne luy deplaiſt pas, & donne aſſez de marques de l'eſtime
qu'Elle en fait, lorſqu'il eſt accompagné des agrémens
neceſſaires, & ſoûtenu par des Autheurs de merite & de
bons Acteurs. Apres cela, MONSEIGNEVR, VOSTRE
EXCELLENCE pourroit-elle me refuſer ſon Illuſtre pro-
tection pour mon Theâtre François, & ne voudra-t-elle
pas bien eſtre à la teſte de cent mille honneſtes gens qui
parlent en ſa faueur? Puiſqu'elle daigna, il y a deux ans,
me donner vne heure pour le recit de mes voyages, je luy
en demande autant pour la lecture de mon Liure; & ie
ſçais, MONSEIGNEVR, que ie ne luy demande rien qu'elle
ne puiſſe bien faire, puiſqu'vn eſprit vaſte & net comme
le ſien, vif & penetrant, peut ſuffire à tout. Mais enfin
ce n'eſt pas encore ce que ie ſouhaite avec plus de paſſion
& ie ne ſeray entierement ſatisfait, que lorſque i'auray
apris que Vous aurez agreé le vœu que i'ay fait d'eſtre
toute ma vie, auec un profond reſpect,

  MONSEIGNEVR,

             DE VOSTRE EXCELLENCE,
          le tres humble & tres obeïſſant ſeruiteur,
                            C.

DESSEIN DE L'OVVRAGE.

Il s'eſt trouué des Sçauans qui ont bien voulu nous donner leurs penſées ſur la conduite du Poëme Dramatique, & nous éclaircir les loix du Theâtre que nous auons receues de l'Antiquité. Il me ſeroit glorieux de marcher ſur leurs pas, & de pouuoir rendre mes ſentimens ſur cette matiere dignes d'eſtre leus; mais je prens vne autre route, & ne me propoſe de traiter icy qu'vn ſújet moral, qui ne regarde que l'vſage de la Comedie, le trauail des Autheurs, & la conduite des Comediens; ce que ie reduis en vn petit corps d'hiſtoire. Si ie ne puis luy donner les graces de nôtre Langue que ie n'ay iamais bien ſceue, elle aura au moins les graces de la nouueauté, & ne deplaira pas ſans doute à ceux qui aiment le Theâtre & les plaiſirs du Spectacle. Comme ie ſuis de ce nombre, ie n'en ay guere manqué toutes les fois que mes affaires m'ont rapellé à Paris des Prouinces Eſtrangeres où i'ay preſque tôûjours vêcu depuis trente ans, & m'eſtant rencontré l'hyuer dernier à Cologne auec des gens qui décrioient fort la Comedie, i'en ay étudié & la nature

& l'vſage auec plus d'application que ie n'auois fait,
pour en bien juger moy même, ſans m'arreſter aux ſentimens de quelques particuliers. Ils prononcent ſouuent
des arreſts ſelon leur temperament, & ſans bien examiner les choſes, comme ce Iuge ſeuere qui s'eſtant
endormi à l'Audience pendant qu'vne cauſe ſe plaidoit,
ne parloit quand il falut opiner, que de pendre ou de
faucher, ſans s'informer plus auant, ny ſe ſoucier de
ſçauoir l'affaire. D'autres condannent les choſes ſur de
ſimples prejugez, ſans vouloir prendre la peine de les
éclaircir; & il y en a enfin qui pour ſauuer les dehors
dans les conditions où ils ſe trouuent, blâment par
maxime ce qu'au fond ils ne deſaprouuent pas entierement. Le Theâtre François dont j'ay entrepris d'écrire
l'hiſtoire dans ma ſolitude, n'eſt pas bien connu de la
pluſpart de ceux qui ſe declarent ſes ennemis, & ils
s'en font de fauſſes idées, parce qu'ils les appuyent ſur
de faux ráports. Ils mepriſent l'original ſur de mé-
chantes cópies que l'on leur expoſe, comme auant que
d'auoir veu vne ville que nous depeint vn Voyageur
chagrin à qui elle n'a pas plû, nous en formons vne
triſte image que l'objet dement quand nous la voyons
de nos propres yeux. On ſe hazarde à juger des choſes
ſur la foy d'autruy, il faut auoir vn peu de bonne opinion de ſoy-meſme, & ne rien àprouuer ou condánner
qu'auec pleine connoiſſance & le diſcernement que
nôtre raiſon ſçait faire du bien & du mal. A voir la
Comedie, à frequenter les Comediens, on n'y trouuera
rien au fond que de fort honneſte; & ces enjoûmens,
ces petites libertez que l'on reproche au Theâtre ne

font que d'innocentes amorces pour attirer les hommes
par de feintes intrigues à la folide vertu. C'eft ce que
j'efpere de faire voir affez clairement, & me dépouil-
lant icy de tout intereft, ie m'eloigneray egalement de
la flaterie & de la fatire; & diray les chofes comme
elles font. Il n'eft pas befoin, pour mon projet, de
remonter à l'origine de la Comedie, que ie me conten-
teray de toucher en peu de mots, ny de faire voir quels
étoient les Comediens en Grece du temps de Sophocle
& d'Euripide, ou en Italie quand Plaute & Terence
trauailloient pour le Theâtre. Cela n'a rien de commun
auec nôtre fiecle, & il me fuffit de montrer de quelle
maniere fe conduifent prefentement les Comediens,
& quelle eft la nature de la Comedie depuis qu'elle eft
dans fon luftre par l'eftime qu'en a fait vn Armand de
Richelieu, & les graces que luy a données vn Pierre
Corneille. S'il a efté permis d'expofer au public en
deux différens tableaux le caractere des paffions & leur
droit vfage, il me le fera fans doute auffi de les reduire
en vn feul, & de faire voir que la Comedie qui eft
vne peinture viuante de toutes les paffions, eft auffi vne
école feuere pour les tenir en bride, & leur prefcrire
de juftes bornes qu'elles n'ozeroient paffer. Le difcours
ne touche pas comme l'action, & les plus belles penfées
d'vne harangue n'ayant fur le papier que la moitié de
leur force, elles reçoiuent l'autre de la bouche de l'Orateur. Il en eft de méme du Poëme Dramatique, & il ne
produit fes grands effets que fur le Theâtre par l'agré-
ment que luy donne le Comedien. Ainfi à prendre les
chofes dans l'ordre, j'ai creu qu'il me falloit parler en

premier lieu de l'inftitution & de l'vfage de la Comedie, & combatre doucement l'erreur populaire, qui porte bien des gens à la condanner fans la connêtre. Aprés j'ai deü venir aux Autheurs qui foûtiennent le Theâtre depuis qu'il eft dans fon luftre, & donner le catalogue des ouurages qui y ont efté reprefentez. Ie fais fuiure les Comediens, ie decouure leur politique & la forme de leur gouuernement; de là je paffe à leur établiffe-ment dans la Capitale du Royaume, & produis enfin les noms des Acteurs & des Actrices des deux Hoftels jufqu'à la fin de l'année prefente mil fix cens foixante treize. Ce font là les trois articles qui fourniffent de matiere aux trois petits liures de mon hiftoire, & ceux qui aiment la Comedie ne feront pas fans doute fâchez de bien connêtre les Comediens.

SOMMAIRE

XII. *L'esprit veut du relâche dans la pieté & dans les affaires.*

XIII. *Les courses de cheuaux condannées par vn celebre Docteur.*

XIV. *Certains Spectacles plus dangereux que la Comedie.*

XV. *L'Italie moins scrupuleuse que les autres Prouinces dans les diuertissemens publics.*

XVI. *Le goust du fiecle pour le Théâtre.*

XVII. *Sentimens de quelques particuliers sur le Poëme Comique.*

XVIII. *Le nom de Dieu dans vn sens parfait ne doit pas estre meslé auec du risible.*

XIX. *La bagatelle vn peu trop en regne.*

XX. *Le Théâtre a porté bien des gens à se corriger de leurs defaux.*

XXI. *Difference de la Comedie Françoise d'auec l'Italienne, l'Espagnole, l'Angloise & la Flamande.*

XXII. *Excellence des machines de la Toison d'or.*

XXIII. *Les François de quoy redeuables aux Italiens & aux Espagnols.*

XXIV. *Le goust d'vn particulier ne doit pas l'emporter sur le goust vniuersel.*

LIVRE SECOND.

DES AUTHEURS QUI SOUTIENNENT LE THEATRE.

LIVRE TROISIEME.

DE LA CONDUITE DES COMEDIENS.

I. *Deux sources des plaisirs qu'on va goûter au Theâtre.*

II. *Difference des genies entre les Comediens.*

III. *Excellent composé du Comedien & du Poëte.*

IV. *Interests des Comediens àpuyez par les declarations du Souuerain.*

V. *Leur assiduité aux exercices pieux.*

VI. *Leurs aumônes.*

VII. *L'Education de leurs enfans.*

VIII. *Leur soin à ne receuoir entre eux que des gens qui viuent bien.*

IX. *Témoignage àuantageux que leur rend vn des premiers Magistrats de France.*

X. *Leurs belles prerogatiues.*

XI. *Les àuantages qu'en reçoiuent les jeunes gens & les Orateurs sacrez.*

XII. *Leurs belles coûtumes.*

XIII. *Difference entre les Troupes de Paris & celles de la Campagne.*

XIV. *Forme du Gouuernement des Comediens.*

XV. *Raisons qu'ils ont d'aimer l'Estat Monarchique dans le Monde.*

XVI. *Grande difference des Royaumes & des Republiques pour les plaisirs de la vie.*

XVII. *Les Comediens aiment fort entre eux le gouuernement Republiquain.*

XVIII. *Leurs Troupes font chacune vn corps à part.*

XIX. *Leur emulation tres vtile au bien commun.*

Nihil felicius difcitur, quàm quod
Ludendo difcitur.

ERASM. IN COLLOQ.

PERMISSION.

Ie n'empefche pour le Roy, qu'il foit permis à Michel Mayer, de faire imprimer le Liure intitulé, LE THEATRE FRANÇOIS, *& que les deffences ordinaires luy foient accordées pour trois années, à Lyon ce 22 Ianuier 1674.*

VAGINAY.

———

CONSENTEMENT.

Soit fait fuiuant les conclufions du Procureur du Roy, les an & jour cy-deffus.

DE SEVE.

———

LE THEATRE FRANÇOIS.

LIVRE PREMIER.

DE L'VSAGE DE LA COMEDIE.

—

I

Origine de la Comedie.

ᴇ Theatre François, qui eſt aujourd'huy au plus haut point de ſa gloire, en eſt redeuable aux Autheurs qui l'apuyent par l'excellence de leurs ouurages, & aux Aĉteurs qui le rendent ſi magnifique par la beauté de leurs repreſentations. C'eſt ce qui fait l'enchaînement ſi étroit de la Comedie auec le Poëte & le Comedien, qu'il eſt difficile de les ſeparer, & qu'il faut preſque toûjours les faire marcher enſemble. Ie taſcheray tou-

tefois de diftinguer les chofes, & de ne m'écarter pas
du fujet que ie me propofe de traiter dans chaque liure.
I'ay à parler en celuy cy de l'vfage de la Comedie,
c'eft à dire de la fin pour laquelle ie trouue qu'elle à
efté inuentée ; eftant bien éloigné de l'opinion de
quelques Critiques, qui veulent qu'elle doiue fa naiffance
à vne debauche de jeunes gens. L'autheur qui eft leur
garent n'aura pas bien pris la chofe, & ce qu'il ra-
porte eft vn incident dont il peut y auoir eu plus d'vn
exemple dans tous les âges de la Comedie, comme nous
voyons fouuent nôtre jeuneffe dans la gayeté faire des
parties pour fe diuertir, & étudier vne piece de Theâtre
pour regaler le voifinage de fa reprefentation. Il eft
bien plus vray-femblable que les Grecs, qui, dans la
belle Politique & dans toutes les fciences ont été les
Maîtres des Romains & des Gaulois, qui ont porté les
belles Lettres & à Rome & à Marfeille, ont trauaillé
ferieufement à inftruire les hommes de toutes les façons,
& à les amener à la politeffe & à la vertu par toutes
les voyes imaginables. Leurs Légiflateurs fe font tres
fagement auifez de donner aux Peuples quelques diuertiffemens pour prendre haleine dans les affaires, dont
fans cela l'efprit feroit accablé, & d'ofter par ce moyen
à ceux qui viuoient dans l'oyfiuité & dans la debauche,
la penfée & le tems de former des cabales contre l'Estat. I'auoüe que ces diuertiffemens pafferent bientoft
dans vn excez condamnable, qu'ils deuinrent des fpectacles de cruauté & de turpitude ; & que la Comedie
qui ne deuoit être qu'vn honnefte & vtile amufement,
fut raualée par Ariftophane, autant qu'elle receut de

gloire des autres Poëtes Grecs. Mais l'intention de
ceux qui l'ont inuentée eſtant ſuiuie, elle ne peut produire que de bons effets, & c'eſt ſur le pied de cette
ſage Politique de l'ancienne Grece, que les Latins,
& apres eux, tous les autres Peuples de l'Europe ont
jugé à propos d'introduire le bel vſage de la Comedie,
& d'apuyer les Comediens. Voicy les raiſons qu'ils ont
cües, ſur tout les François, qui ſçauent parfaitement le
prix des choſes, & qui ont eſtimé la beauté d'vne inuention qui a percé tant de ſiecles, pour atteindre chez
eux le plus haut degré de perfection où elle pouuoit
monter.

II

Diuerſes Societez inſtituées pour le bien public.

Toutes les Societez qui ſont des maniẹres de Republiques, & qui concourent enſemble au bien de
tout l'Vniuers, ont toutefois chacune & leurs loix & leurs
coûtumes, & vne fin particuliere, ſur laquelle leur établiſſement eſt fondé. C'eſt le centre où viennent aboutir
toutes leurs reſolutions; & ces fins particulieres tendant
à la generale, vont toutes à l'auantage public; il n'y a
de la difference que du plus au moins.

Il y a de ces Societez, qui ont pour objet de fournir
à l'homme tout ce qui y lueſt neceſſaire pour le corps
& juſqu'aux delicateſſes dont il ſe pourroit paſſer. Elles

embraffent pour cela vn commerce vniuerfel dans toutes les parties de la Terre; & la fin que ces Societez là fe propofent eft tres loüable & vtile.

Il y en a d'autres qui n'ont pour but que de fournir à l'homme tout ce qui eft neceffaire pour l'efprit, foit pour l'eleuer aux belles connoiffances, foit pour le former à la vertu, & luy donner de l'horreur du vice. Comme on peut fe prendre de deux manieres pour paruenir à ce but, & s'y rendre par deux chemins diffe-rens, il eftoit à propos qu'il y euft pour cela deux fortes de Societez; les vnes qui traitaffent les chofes d'vn air graue & ferieux, les autres qui les priffent d'vne ma-niere enjoüée, pour s'accommoder à tous les efprits. Ces deux fortes de Societez ont la mefme fin, & que nous importe par quel moyen elles y arriuent, & de quel vent nôtre vaiffeau entre dans le port, pourueu qu'il y entre heureufement?

Des deux routes que j'ay dit que l'on peut prendre pour paruenir à cette loüable fin, les vns ont fait choix de celle qui eft afpre & difficile, & dont les hommes s'écartent fouuent pour en chercher vne qui foit moins rude. Les autres fuiuent la plus agreable & la plus aifée, ils font profeffion d'enfeigner en joüant la belle fcience, qui eft aujourd'huy celle du Monde, & de porter doucement les hommes à haïr le vice, & à cherir la vertu.

III

Differentes manieres d'enseigner les hommes.

S'IL eſt vray que tous les chemins ſont beaux pour aller à l'ennemy, & que la ruſe n'eſt pas blâmée à la guerre, les Comediens qui la ſont adroitement au vice & à la folie, & qui peuuent ſe vanter de remporter ſouuent d'Illuſtres victoires, meritent d'eſtre louëz. Tous les eſprits n'eſtant pas ſemblables, les vns ne ſe laiſſent vaincre que par la force & par d'aigres remonstrances, les autres que par la douceur & des diſcours enjoüez, qui les perſuadent mieux que les grans raiſonnemens & le ſerieux incommode de ces Docteurs qui les effarouchent. Toute la morale roule ſur la ſageſſe & la folie du monde; & cette folie eſt inſeparablement attachée au vice, comme la ſageſſe l'eſt à la vertu. Mais outre la malignité du vice de laquelle le vicieux fait ſouuent trophée, ne ſe rendant guere quand on ne le bat que de ce côté, il s'y decouure certain ridicule qui luy fait honte, & l'attaquer par cet endroit-là eſt le mettre d'abord hors de defence. Il ne peut ſouffrir qu'on le joüe, & qu'on le faſſe paſſer pour ſot; il aime mieux ſe corriger de ſa ſottiſe, & en quitant le ridicule du vice, il en quite ce qu'il y a de malin, il le quite tout entier. C'eſt d'où proceda l'artifice de ces Peres, qui pour donner de l'horreur de l'yurognerie à leurs enfans,

faifoient boire par excez leurs domeftiques, qui fe produifoient deuant eux auec des poftures ridicules. Les
Roys qui font les Peres des Peuples, ont trouué de
méme fort à propos qu'il y euft des gens deuoüez au
feruice du Public, pour nous reprefenter bien naïue-
ment vn auare, vn ambitieux, vn vindicatif, & nous
donner de l'auerfion pour leurs defauts; puis qu'en effet
toutes les paffions dereglées nous deduifent à l'Eftat de
ces yurognes, à qui le vin trouble la raifon.

IV·

L'Arbre du Poëme Dramatique.

MAIS ne parlons pas encore des Comediens, & atta-
chons nous particulierement à la nature de la Comedie. Pour ne pas confondre les termes, & rendre les
chofes plus claires à ceux qui n'ont pas leu la Poëtique
de Scaliger, & qui ignorent la pratique du Theatre, il
faut leur mettre deuant les yeux l'Arbre du Poëme
Dramatique, c'eft à dire la difference des Poëmes que
l'on deftine au Theatre. Le Poëme Dramatique eft
la tige de l'arbre. Ses deux branches principales
font le Poëme Heroïque & le Poëme Comique. Le
Poëme Heroïque fait deux rameaux, la Tragedie
& la Tragi-Comedie; le Poëme Comique en fait
deux autres, la Comedie & la Paftorale. Toutes ces

efpeces du Poëme Dramatique fe peuuent traiter en profe ou en vers : mais les vers affeurement, s'ils font bien tournez, chatoüillent plus l'oreille que la profe, & donnent plus de grace & de force à la penfée. l'entends les vers reguliers; car pour les irreguliers, ie ne trouue pas auec bien des gens qu'ils plaifent fort au Theâtre, & ils ne font agreables que dans vn madrigal ou vne chanfon.

La *Tragedie* eft vne reprefentation graue & ferieufe d'vne action funefte, qui s'eft paffée entre des perfonnes que leur grande qualité, ou leur grand merite releuent au deffus des perfonnes communes, & le plus fouuent c'eft entre des Princes & des Rois. La *Tragi-Comedie* nous met deuant les yeux de nobles auantures entre d'Illuftres perfonnes menacées de quelque grande infortune, qui fe trouue fuiuie d'vn heureux euenement. La *Comedie* eft vne reprefentation naïue & enjoüée d'vne auanture agreable entre des perfonnes communes; à quoy l'on ájoûte fouuent la douce Satyre pour la correction des mœurs. La *Paftorale* n'a pour objet qu'vne auanture de Bergers & de Bergeres, comme l'*Amarante* de Gombaud.

Pour ce qui eft du fujet qui eft au choix du Poëte, il eft Hiftorique, ou fabuleux, ou meflé, la verité & la fiction s'alliant enfemble, ce qui arriue le plus fouuent. L'Hiftoire eft rarement portée fur le Theatre dans toute fa pureté, & quand elle fe trouue trop nüe, elle ne refufe pas quelques agrémens que l'inuention du Poëte luy peut donner. l'ay crû deuoir expliquer toutes ces diftinctions du Poëme Dramatique, parce que dans la

suite de mon difcours, ie prendray vne des parties pour
le tout, & la Comedie pour tous les ouurages de
Theatre qu'embraffe le Poëme Dramatique. Ce nom
d'vne efpece particuliere eftant deuenu vn nom general, & l'vfage voulant que la Tragedie, la Tragi-Comedie & la Paftorale paffent aujourd'huy foûs le nom
de *Comedie.*

V

La Comedie eftimée de toutes les nations.

IE diray donc, & en peu de mots, que la Comedie
a efté en tres grande eftime dans toute l'Antiquité;
Que les Grecs & les Romains, comme ie l'ay dit, en
ont egalement reconnu l'vtilité; ce que Ciceron
témoigne affez dans la caufe du Comedien Rofcius,
qu'il defendit auec tant d'ardeur; Que de grans
Princes, n'ont pas dedaigné d'en faire & de les reciter
en public; Qu'il n'y a point aujourd'huy de nation
dans l'Europe qui n'en face eftat; Que l'Efpagnole
& l'Italienne en font vn des ornemens de la folen-
nité des jours les plus Saints; Que le Grand Cardinal de Richelieu, l'vn des plus éclairez de tous les
hommes, l'aimoit, l'apuyoit, honoroit les Autheurs de
fon eftime, fauorifoit les Comediens; & pour dire plus
que tout cela, Que le Roy, l'Inuincible Lovis, les de-
lices de fes peuples & l'admiration de l'Vniuers, trouue

des charmes dans la Comedie, dont il connoiſt parfaitement toutes les beautez, & qu'il la prend pour vn de
ſes plus doux diuertiſſemens, quand il ſe veut donner
quelques momens de relaſche dans les grands ſoins qui
l'ocupent inceſſamment pour la gloire de ſon Regne
& le bien de ſes ſujets.

VI

De Spectacles qui ſe donnent aux Colleges.

L A Comedie, qui par cette ſeule raiſon deuroit
auoir autant de partiſans zelez qu'il y a de gens
en France, ne manque pourtant pas d'ennemis qui la
dechirent, & qui arment contre elle & contre ceux
qui la font, les Peres & les Conciles. Leurs De-
crets, ie l'auoüe, ſont des armes ſacrées, deuant leſquelles les Defenſeurs de la Comedie doiuent humble-
ment baiſſer les leurs; & bien loin d'auoir la temerité
de leur contredire, il nous faut croire qu'ils n'ont eu
que de bonnes intentions. Mais il ſe peut faire qu'on
les cite quelquefois mal à propos, & que les Poëmes
Dramatiques de nôtre tems n'auroient pas eſté generalement l'objet de leur ſeuere cenſure. Auſſi voyons
nous qu'ils ne ſont pas tous bannis de nos Colleges,
où i'ay veu repreſenter des ouurages de Plaute, & de
Terence auſſi bien que de Seneque; ni méme des Communautez Religieuſes, où l'on dreſſe tous les ans de

fuperbes Theâtres pour des Tragedies, dans lefquelles, par vn meflange ingenieux du facré & du profane toutes les paffions font pouffées jufqu'au bout. On y emploie méme pour de certains rôles d'autres perfonnes que des Ecoliers, on y danfe des balets. Toute la difference qui fe trouue entre ces fpeftacles-là contre quoy on ne dit mot, & ceux que donnent les Comediens contre lefquels on murmure, confifte dans le langage, & dans la qualité des Afteurs. Dans les premiers on ne parle que Latin, & on ne void point de femmes. Mais le Latin eft entendu, & des Afteurs & des Speftateurs. Ces paffions d'amour, d'ambition, de colere, & de vengeance qu'on veut que la Comedie foûleue, tandis que le Chriftianifme a pour but de les abatre, peuuent à ce conte faire vne auffi forte impreffion dans les efprits des gens qui parlent & qui écoutent, qu'elles en feroient le lendemain fur le Theatre François à vne reprefentation de *Cinna* ou de *Pompée.* La morale Chreftienne ne pretend pas de depouiller l'homme de fes paffions, elle entreprend feulement de les regler, & de luy en montrer le droit vfage. Soit dans nos Comedies, foit dans nos Romans, leurs Autheurs fe propofent le méme but, ils étoufent la vengeance dans l'ame de leurs Heros, ils donnent des bornes à leur ambition & à leur colere, ils ne leur foufrent point d'extrauagance dans leur amour, & ne nous offrent pas feulement en eux des exemples d'vne vertu ordinaire, mais d'vne vertu acheuée, & au plus haut degré où elle fçauroit monter.

Mais, me dira-t-on encore, on ne void point de

femmes fur le Theatre dans les Comedies qui fe reprefentent aux Colleges; car dans l'affemblée il y en a vn
grand nombre, & feu Mademoifelle de Gournay qui
fçauoit parfaitement & le Grec & le Latin, m'a dit
qu'elle y alloit quelquefois dans fes ieunes ans. Ie ne
fçais s'il eft moins blâmable de voir des hommes tra-
ueftis en femmes & prendre l'habit d'vn autre fexe que
le leur, ce qui hors de pareilles occafions, & des tems
ácordez aux rejouiffances publiques, eft puniffable
& defendu par les Loix. Il faut fe faire juftice les vns
aux autres. Les fpectacles qui fe donnent aux Colleges
font tres loüables. C'eft vne fefte publique, qui fert de
couronnement aux nobles trauaux de toute vne année,
& dans laquelle on diftribuë des prix à la Ieuneffe, qui
a fourni fa carriere auec honneur. Cela l'excite à y
rentrer auec plus d'ardeur apres vn peu de relafche,
cela luy donne une honnefte hardieffe à parêtre en
public, & à parler vn iour d'vn ton ferme & d'vn gefte
libre dans vne Chaire, ou dans vn Barreau.

VII

Le bel vfage de la Comedie.

Toute nôtre jeune Nobleffe n'entend pas le Latin,
& ne va pas au College; il eft jufte qu'elle ayt
auffi fa part du plaifir & du profit de la Comedie dans

la langue qu'elle entend; & puifque dans nos Poëmes Heroïques (car c'eft de ceux-là dont il s'agit à prefent) on void éclater les plus beaux traits de l'Hiftoire, qu'on y void combatre la gloire & l'amour, & la gloire comme la Maîtreffe l'emporter toûjours fur les paffions les plus violentes; qu'on y void enfin le crime puni, la vertu recompenfée, & les grandes actions en leur plus beau iour; qui n'auoûra qu'on ne peut enuoyer nos jeunes Gentils-hommes nez pour la guerre à vne meilleure Ecole que celle-là, & qu'en voyant ces beaux exemples de valeur & de zele pour fon Prince, comme en vn Eucherius fils de Stilicon; ces genereux fentimens d'amour & de fidelité incorruptible pour fa Patrie, comme en vn Sceuole, ces hautes idées ne s'impriment bien fortement dans leurs ames, & qu'ils ne conçoiuent des defirs ardens d'aquerir de méme de la gloire au feruice du Roy, & de fe porter pour luy aux plus grandes actions.

Voilà en peu de mots quelle eft la nature de la Comedie, & les vfages qu'on en peut tirer. Il y a toutefois des gens qui la condamnent, & qui la condamnent fans la bien connêtre. Ecoutons les, & tafchons de fatisfaire à leurs objections, ce qui n'eft pas difficile.

VIII

Reflexion fur les fentimens des Peres
& des Conciles.

Ils ont acouftumé de confondre la Comedie auec tous les fpeétacles de l'Antiquité, & ont de la peine à fouffrir que l'on en face quelque difference. La Comedie n'a rien de cruel comme les fpeétacles des anciens Gladiateurs, dont il fe void encore quelques reftes en Alemagne, en Angleterre, & en Italie. Elle n'a rien de fale, fi le Poëte ne fort des bornes que la bienfeance luy prefcrit; & ce n'eft proprement que contre les fpeétacles ou fanglans, ou deshonneftes, qui combatent la charité & la pureté du Chriftianifme, que les Conciles & les Peres fe font declarez.

IX

La guerre Profeffion Illuftre, quoyqu'elle foit caufe
de bien des maux.

La guerre n'a iamais efté generalement condannée entre les Chreftiens, quoyqu'elle nous produife des fpeétacles les plus fanglans & les plus affreux, vne

campagne couuerte de corps, ou morts, ou mou-
rans, à l'iſſue d'vne bataille rangée; vne mer qui en-
gloutit des vaiſſeaux que le canon de l'ennemy a bri-
ſez, & des milliers d'hommes qui periſſent à la fois dans
les eaux & dans les flames par le deſeſpoir d'vn Capitaine inſenſé qui a mis le feu aux poudres plûtoſt que
de ſe rendre à la merci du vainqueur; vne ville enfin
priſe d'aſſaut, & qui deuient vn Theâtre de ſales actions
& de cruautez barbares. A oüir parler les gens qui ſe
ſont trouuez en de pareilles occaſions, on ne ſe peut
rien figurer de plus horrible que ces ſortes de ſpectacles,
& les ſeuls tableaux que les Peintres nous en donnent,
nous font fremir :

I'y vois la foudre toûlours preſte,
Et la flame & le plomb, qui, formant dans les airs
Vne ardente & double tempeſte,
Y font l'image des Enfers.

C'eſt le portrait que nous fait de la guerre Monſieur
l'Abbé Boyer, vn des Illuſtres de l'Academie Françoiſe, dans l'Ode ſçauante qu'il à miſe au iour ſur la
priſe de Maſtric. Sans venir aux mains, la guerre produit aſſez d'autres maux, & la marche d'vne armée
deſole ſouuent tous les lieux où elle paſſe. Cependant
la guerre eſt le noble meſtier des Roys, la guerre eſt
juſte & loüable, quand elle a pour fin la defence de
leurs Droits & le ſoûtien de leur gloire, & le mauuais
vſage qui s'en peut faire n'a iamais porté les Directeurs
du Chriſtianiſme à la condanner entierement. Diſons
en vn mot qu'il n'y à rien de parfait au Monde, qu'il

n'y a point de profeſſion qui n'ayt ſes defauts, & que ſur ce pied là il faudroit les abolir toutes, ou vne grande partie, ce qui iroit trop au deſaüantage de la ſocieté ciuile, & à quoy l'on ne penſera jamais.

Mais enfin ſi l'on veut abſolument que l'intention des Peres ayt eſté plus loin que les ſpectacles ſanglans, & que nôtre Comedie doiue eſtre compriſe dans leur cenſure, ce ne ſera peut eſtre pas vne abſurdité de croire qu'ils n'en ont vſé de la ſorte que pour couper de plus pres la racine aux abus de ces ſpectacles cruels & laſcifs, qu'ils ont tres juſtement condannez, en condannant tous les ſpectacles generalement, de quelque nature qu'ils puſſent eſtre. Quand vn enfant abuſe de quelques petites libertez que ſon pere luy ſoûfre, il les luy retranche toutes pour vn temps : mais l'enfant ſe corrige, & le pere relaſche quelque choſe de ſa ſeuere defence. Il n'y a rien au monde, comme i'ay dit, qui n'ayt ſon fort & ſon foible, ſes perfections & ſes defauts.

X

Parallele de la Poëſie & de la Peinture.

LA peinture eſt vne poëſie muette, comme la poëſie ſe peut dire vne peinture parlante. Le pinceau nous repreſente vne paſſion d'amour, de colere, de vengeance auſſi fortement que la plume du Poëte

& que la voix de l'Acteur. Ceux cy nous touchent par le beau tour du vers, & la grace qu'ils luy donnent dans le recit; le Peintre nous touche de même par l'affiette de fes figures qui femblent parler, & qui bien fouuent nous en difent plus que fi en effet elles parloient. Nos tableaux & nos tapifferies ne nous offrent que de femblables objets, dont l'ame de celuy qui les contemple auec attention peut eftre plus emeüe qu'elle ne le feroit par vn recit qui échape aifement à la memoire; & pour tout dire enfin, il y a autant à craindre du Peintre, que du Poëte & du Comedien. Mais les excez où le premier s'emporte ordinairement, ces nuditez & ces poftures peu chaftes dont les Palais font remplis, n'ont pû obliger les plus feueres Cenfeurs à condanner generalement la peinture, qui a toûjours paffé pour vn art tres noble, comme le Peintre dans fa profeffion paffe pour homme d'honneur. Le Comedien & la Comedie ont de même leurs defauts, ie ne pretens pas les excufer, & j'en parleray bientoft : mais fi pour cela on veut fans exception les bannir du Monde, il faut auffi en bannir par même raifon & le Peintre & la Peinture.

XI

Il se glisse des abus en toutes Professions.

VOUDROIT on encore condamner l'Imprimerie
& les Imprimeurs pour quelques mechans liures
qui courent, qui font fales & impies, qui attaquent la
Religion & les bonnes mœurs, qui décrient vn Eſtat
& celuy qui le gouuerne? On punit l'Imprimeur
qui oze les mettre au iour, & le Libraire qui oze les
debiter : mais on ne s'en prend pas à ceux qui font
innocens du crime, & l'infamie d'vn particulier ne rejaillit pas fur le public. L'Imprimerie & la Librairie
qui ne font qu'vn même corps, n'en font pas pour cela
moins honorables, elles ont vne bonne fin; & la Comedie, comme ie l'ay fait voir, en a auſſi vne bonne,
qui peut être corompüe par les excez de quelques particuliers. On en pourroit dire autant, de la Medecine
& des Medecins, &, de pluſieurs autres Profeſſions. Si
l'on eſt fi rigide que de condamner entierement la Comedie & ceux qui la repreſentent, il faut condamner en
même temps le Poëte qui la compoſe, l'Imprimeur qui
l'imprime, le Libraire qui la debite, l'Auditeur qui
l'ecoute, le Lecteur qui la lit, & le Poëte qui eſt la
fource de tout le mal pretendu fera le plus condan-
nable. Mais tant s'en faut qu'il le foit, que nous fommes
conuaincus par l'Hiſtoire de tous les Peuples, & par
celle de nos temps, que les fameux Poëtes ont toûjours

efté honorez des Princes & de leurs fujets, autant ceux qui ont trauaillé pour le Theatre, que ceux qui fe font renfermez dans les bornes du Poëme Epique; qu'on leur a decerné des honneurs publics, qu'on les a couronnez, qu'on leur a enfin dreffé des ftatues. Nous en auons des exemples dans tous les fiecles; & pour ne parler que du nôtre, toute l'Europe a fceu les hautes marques d'eftime que le Roy a bien voulu donner à vn Pierre Corneille, à qui l'excellence de fes Poëmes Dramatiques & de fes autres ouurages a áquis vne gloire dont s'entretiendront tous les fiecles à venir. Encore vne fois la fin de la Comedie eft bonne. Les chofes les plus faintes ne font nulle impreffion fur l'efprit d'vn Libertin. Il ne depend que de l'Auditeur de tirer vn bon vfage de la Comedie; s'il eft fage & intelligent, il en fera fon profit; s'il eft ignorant & vicieux, il en fortira tout auffi befte qu'auparauant, & ce ne fera la faute ny du Comedien, ni du Poëte.

XII

L'efprit veut du relafche dans la pieté & dans les affaires.

AGISSONS de bonne foy. N'eft il pas injufte de blâmer la Comedie par le nom feul, fans examiner la chofe, & en confondant l'intention de l'art auec le

mauuais vfage? Ceux qui voudroient abfolument l'inter-
dire comme vne chofe qui ne regarde pas directe-
ment le falut, feroient obligez d'en retrancher vne
infinité de cette nature, où il y auroit plus à redire
qu'à la Comedie, & que l'on foufre aifement. On
en veut fans doute particulierement à la Comedie,
par ce qu'elle a de l'éclat, & qu'elle frappe la veüe. Ie
ne veux pas nier qu'il n'y ayt des lieux qu'il vaut mieux
frequenter que le Theâtre, cela eft hors de doute; & il
y en a où il feroit bon d'eftre inceffamment, s'il n'auoit
pas efté ordonné à l'homme de trauailler, comme il luy
a efté ordonné de prier Dieu. Mais la plus folide pieté
a fes interualles; vn veritable deuoft n'eft pas toûjours
à l'Eglife, il ne peut pas eftre toûjours attaché à la maifon & à la profeffion qu'il a embraffée; il eft homme,
il demande du relafche, & quelque honnefte diuertiffement, ce que le Theâtre luy fournit. Car enfin, & pour
abreger cette matiere, ceux qui condannent la Comedie
ne la veulent pas regarder par les bons coftez, & il y
en a eu qui fe font trouuez d'humeur à porter en
même tems leur cenfure contre des chofes les plus innocentes.

XIII

Les Courſes de cheuaux condamnées par vn celebre Docteur.

Vn grand & fameux Docteur s'eſt auiſé de mettre la courſe des cheueaux au nombre des choſes vaines & des ſpectacles qu'il n'aprouue pas. Faudra-t-il pour cela defendre les courſes de bague, fermer les maneges où l'on vit auec tant de diſcipline, & blamer la noble profeſſion d'vn Ecuyer qui enſeigne à manier vn cheual, à courre & à voltiger de bonne grace? La Nobleſſe a trop d'intereſt à ſoûtenir la gloire & l'vtilité de cet Illuſtre exercice contre tout ce qu'il y a jamais eu de plus celebres Docteurs.

XIV

Spectacles plus dangereux que la Comedie.

Enfin ceux qui veulent que nous detournions les yeux de toutes les choſes vaines, veulent vne bonne choſe, dont la pratique ſeroit loüable dans le Chriſtianiſme. Ils ont raiſon ſur le fait de la Comedie

de nous batre fouuent de cette fainte penfée, fur
laquelle ils fondent leur cenfure, & qui faifoit le
fouhait d'vn Grand Roy, qui ne foufrant point, comme
il le témoigne luy-même, de flateurs ny de fourbes dans
fa Cour, ne foufroit pas auffi apparemment que le
luxe & la vanité y euffent entrée. Mais quoy? les temps
font changez, & le font entierement; & s'il faut aujourd'hui detourner les yeux de toutes les chofes vaines,
il ne faut pas aller ny à la Cour, ny au Cours, deux
fuperbes fpectacles, & des plus dangereux au conte
de nos feueres Cenfeurs; il ne faut pas fortir de la
maifon & fe montrer dans la ruë, ou il faut comme vn
Tartufe, tendre à la tentation, prendre vn mouchoir à
la main, & baiffer la veüe à toute heure deuant mille
objets qui fe prefentent, & qui peuuent plus emouuoir
les fens de l'homme qui ne s'en rend pas le maître,
que ce qui fe voit au Theâtre où ordinairement les
oreilles font plus attachées que les yeux.

XV

L'Italie moins fcrupuleufe que d'autres Prouinces
dans les diuertiffemens publics.

Mais enfin pourquoy en la matiere dont il s'agit
fe montrer plus delicat en France qu'en Italie
& à Rome même, où l'Inquifition eft en vigueur pour

le foûtien de la Religion & des bonnes mœurs? Chacun
fçait que les principaux Directeurs du Chriftianifme
ne font point de fcrupule de fournir aux frais des
Opera, d'en donner le fpectacle dans leurs Palais,
& même des gens deuouez au feruice de l'Eglife, qui
ont d'excellentes voix, paroiffent fur les Theâtres publics,
pour y joüer vn perfonnage en chantant. Eft-ce qu'vn
couplet amoureux fecondé des charmes d'vne belle
voix penetre moins auant dans les cœurs de l'Affemblée, que lors qu'il eft fimplement recité à nôtre mode?
Ces fpectacles là ne font ils pas de veritables Comedies
en mufique, & les affiches donnant aux *Fefles de*
l'Amour & de Bachus, le nom de *Paflorale* & à *Cad-*
mus & Hermione celuy de *Tragedie*, ne les rangent
elles pas auec les Poëmes Dramatiques? N'eft-ce pas à
dire affez que ce font des Comedies, & ceux qui les
reprefentent des Comediens, à qui les Souuerains
peuuent donner des priuileges comme il leur plaift? On
fait fonner bien haut en Efpagne le zele de la Religion,
& toutefois en Efpagne on void introduire fur les
Theâtres publics des perfonnages en habit Ecclefiaftique,
ce qui ne feroit foufert en France en quelque maniere
que ce fuft.

XVI

Le goust du fiecle pour le Theâtre.

I E ne pouſſeray pas dauantage cette matiere, & j'en ay
aſſez dit, ce me ſemble, pour faire voir que toutes
les choſes du Monde ont leur bon & mauuais
vſage; ce qui prouue en même tems que la Comedie
n'eſt pas exempte de cette regle, & que comme elle
a ſes áuantages, elle a auſſi ſes defauts; ce ſont
quelques abus qui s'y ſont gliſſez dans tous les ſiecles,
& auſquels le nôtre s'eſt auſſi quelquefois laiſſé aller.
Par les ſoins du Cardinal de Richelieu elle fut remiſe
en France ſur le bon pied; mais on peut luy reprocher
que depuis cette reformation elle s'eſt vn peu licentiée.
Le gouſt change, & l'emporte ſouuent ſur la raiſon. On
veut de l'amour, & en quantité, & de toutes les manieres; il faut le traitter à fond, & dans la Comedie on
demande aujourd'huy beaucoup de bagatelles, & peu de
ſolide. Pour ce qui eſt de la Tragedie, l'*Hérode* de
Monſieur Heinſius, l'vn des Poëmes les plus acheuez,
plaiſoit peu à la Cour & à la Ville, parce qu'il eſt ſans
amour; & la *Sophonisbe* qui a de la tendreſſe pour
Maſſiniſſe iuſqu'à la mort, a eſté plus goûtée que celle
qui ſacrifie cette tendreſſe à la gloire de ſa Patrie,
quoy que le fameux Autheur du dernier de ces deux
ouurages l'ayt traité auec toute la ſcience qui luy eſt

particuliere, & qui luy a fi bien apris à faire parler &
les Carthaginois, & les Grecs, & les Romains comme ils
deuoient parler, & mieux qu'ils ne parloient en effet.

XVII

Sentimens de quelques particuliers
fur le Poëme Comique.

SOIT que ce gouſt du ſiecle qui veut vn grand amour
dans les grands ouurages du Theâtre, & force amou-
rettes dans les ouurages Comiques, parte du genie
de la Cour, ou de celuy du Poëte, il eſt conſtant que
le Poëme Dramatique dans ſes deux genres & dans
toutes ſes eſpeces n'a eſté jnuenté que pour diuertir
& pour inſtruire : mais tout le monde veut que le
diuertiſſement paſſe le premier, qu'il l'emporte ſur
l'inſtruction, & il me le faut bien vouloir auec tout le
monde. I'ay toutefois connu des gens qui, en fait du
Comique, n'aiment pas fort une piece, de laquelle on ne
peut tirer aucun bon ſuc, qui roule toute entiere ſur la
bagatelle, & où l'Auditeur n'a ſceu remarquer vn ſeul
trait d'erudition coulé à propos. Comme la belle Comedie qui donne agreablement ſur le vice & l'ignorance
eſt eſtimée de tous les honneſtes gens, celle qui a de
ſales jdées n'a pas toute leur áprobation. I'en ay connu
pluſieurs de ceux qui aiment paſſionnement la Comedie,

qui fouhaiteroient que l'ombre même de l'amour cri-
minel fuft bannie des reprefentations, qu'il n'en paruft
aucune demarche, & qui difent que l'idée d'vne chofe
qui n'eft pas plaifante dans le Monde, ne fçauroit l'eftre
au Theâtre. Il y en a de moins feueres, qui fe contentent que l'on paffe legerement fur cet article quand on
ne peut l'éuiter, qu'on ne faffe pas des peintures en-
tieres, & que l'on n'ameine pas les chofes fi auant, qu'il
femble qu'il n'y ayt plus d'interuale entre le projet
& l'execution. Ie leur ay ouy dire que ne pouuant
foúfrir de certaines gens, qui fur l'article du droit
vfage du mariage, prennent foin de nous le depeindre
trop exactement, qui en écriuent de gros volumes,
& découurent des chofes à quoy peut eftre on n'auroit
jamais penfé, ils peuuent encore moins foufrir qu'on
leur faffe en public des portraits parlans & fenfibles
d'vn amour qui tend au crime, quoy que l'on n'en vienne
pas jufqu'à l'effet. On pourroit fe tromper, de croire
que l'Auditeur raifonnable prenne vn plaifir infini à
ces reprefentations qui paffent les bornes, & des amou-
retes honneftes entre perfonnes libres le diuertiroient
bien mieux.

XVIII

Le nom de Dieu *dans vn sens parfait ne doit pas être meslé auec du risible.*

I L seroit encore à souhaiter, disent ces gens là, que dans ces sortes d'ouurages, le nom de Dieu ne fust jamais prononcé. Il ne se doit trouuer, à leur auis, que dans des ouurages dont le sujet est tout saint, comme dans vn *Polyeucte* : mais dans les pieces dont le sujet est Comique, où l'on traite des intrigues amoureuses, & où l'on void regner d'vn bout à l'autre vn valet ridicule, & vne seruante qui ne l'est pas moins, le nom de Dieu ne doit pas estre meslé. Ils ont de la peine à soûfrir qu'vne Soubrete pour cacher qu'elle a parlé à vn Galant, dise à sa Maîtresse qui l'en soupçonne, *Qu'elle prioit Dieu;* parce qu'on l'a ouï parler dans sa chambre, & qu'on supose qu'à moins de quelque trait de folie, on ne parle pas haut quand on est seul. Elle auroit pû tout aussi bien s'echaper en disant qu'elle lisoit, ayant remarqué souuent que des valets & seruantes, & autres gens de la sorte par vne sote coûtume parlent haut en lisant, quoy qu'il n'y ayt personne qui les entende. La priere estant la plus sainte & plus importante action du Christianisme, cet hemistiche, disent nos Critiques, est placé là fort mal à propos, & ils ne peuuent assez s'étonner qu'on ne se soit jamais auisé de le changer. Pour ces exclamations fi ordinaires dans la bouche des hommes, *Ha Dieu! Mon Dieu! Bon Dieu!* & autres femblables, ils les fouffrent, parce qu'elles n'ont pas de fuite, & ne forment pas vn fens parfait. En les condannant dans la bouche des Comediens, il faudroit condanner tous les hommes generalement qui en abufent à toute heure, & fans nulle neceffité. On tolere les abus que l'on ne fçauroit ofter, & la Comedie eft vne imitation des actions & du langage des Peuples. Mais vn *Ie priois Dieu,* vn *Dieu vous affifte!,* vn *Dieu vous le rende!,* & autres expreffions de la forte dans vn ouurage Comique ne font pas du gouft de ces gens que j'ay citez, & qui toutefois, comme j'ay dit, aiment fort la Comedie.

XIX

La bagatelle vn peu trop en regne.

Il feroit encore bon qu'on puft jnfenfiblement accoûtumer les Spectateurs à prendre gouft à des reprefentations Comiques, où il y euft vn peu moins de bagatelles & plus de folide, & que le Poëte prenant des fujets éloignez de ceux qui ont autrefois ferui à de pures farces, ne traitaft que de chofes bonnes & honneftes, qu'il pourroit agreablement tourner; ce qui donneroit moins de prife à ceux qui dechirent la Comedie, le Comedien & le Poëte.

XX

Le Theâtre a porté bien des gens à l'étude de la vertu.

MAIS enfin il n'y a rien soûs le Ciel qui soit exemt de defauts, & ce que je viens de dire, ni tout ce que peuuent dire les fâcheux Critiques ne sçauroit détruire les Eloges qui sont deus à la belle Comedie. Toutes les Comparaisons ne plaisent pas & je n'en áporte point icy pour mieux ápuyer ses áuantages. Ie diray seulement pour conclusion, que c'est vne belle Ecole & vn noble amusement pour ceux qui la sçauent bien goûter, & que mille gens m'ont áuoüé que le Theâtre leur a apris vne infinité de belles choses qui ont serui à polir leur esprit & à les porter à l'étude de la vertu. C'est là aussi la fin que le Poëte se propose dans la Comedie, & c'est la même fin du gouuernement des Comediens. Leur Société ne s'est établie que sur ces deux fondemens, l'honneste diuertissement, & l'vtile instruction des Peuples; mais je ne sçais si cela se peut dire également de tous les Comediens de l'Europe, des Italiens, des Espagnols, des Anglois & des Flamans. En ayant veu de toutes les sortes dans mes voyages, j'en ay remarqué les differences, ce qui seruira à faire mieux connêtre les áuantages du Theâtre François, qui est aujourd'huy au plus haut point de sa gloire.

XXI

Difference de la Comedie Françoise d'auec l'Italienne, l'Espagnole, l'Angloise & la Flamande.

LES Italiens qui pretendent marcher les premiers de tous pour le Comique, le font particulierement consister dans les geftes & la foupleffe du corps, &, par leurs intrigues affez bien conduites & fort plaifamment executées, tafchent principalement de fatisfaire les fens. Ils ne reüffiffent pas dans la reprefentation d'vne auanture Tragique, & ne peuuent comme nos François reuêtir toutes fortes de caraĉteres. C'eft à dire qu'on ne va guere les voir que pour le pur diuertiffement, & qu'on n'en remporte que peu d'inftruĉtion pour les mœurs, parce qu'ils ne s'attachent pas fort à cet article. Mais enfin nous leur fommes redeuables de la belle inuention des machines, & de ces vols hardis qui attirent en foule tout le monde à vn fpeĉtacle fi magnifique.

XXII

Excellence des machines de la Toifon d'or.

CELLES qui ont fait le plus de bruit en France furent les pompeufes machines de *la Toifon d'or,* dont vn Grand Seigneur d'vne des premieres Maifons du Royaume, plein d'efprit & de generofité, fit feul la belle depence pour en regaler dans fon Château toute la Nobleffe de la Prouince. Depuis il voulut bien en gratifier la Troupe du Marais, où le Roy fuiui de toute la Cour vint voir cette merueilleufe Piece. Tout Paris luy a donné fes admirations, & ce grand *Opera,* qui n'eft deu qu'à l'efprit & à la magnificence du Seigneur dont i'ay parlé, a ferui de modele pour d'autres qui ont fuiuy. Baptifte Lully eft venu depuis, qui par l'agreable meflange de machines de l'inuention de Vigarany, de danfes & de mufique, où il s'eft rendu incomparable, a charmé toute la Cour, tout Paris, & toutes les Nations Etrangeres qui y abordent. Mais enfin ces beaux fpectacles ne font que pour les yeux & pour les oreilles, ils ne touchent pas le fond de l'ame, & l'on peut dire au retour que l'on a veu & ouï, mais non pas que l'on a efté inftruit. D'où l'on peut conclure, ce me femble, que la Comedie Italienne n'a pas tout à fait le mefme objet que la nôtre de diuertir

& d'inftruire, ce qui eft la perfection du Poëme Dramatique.

XXIII

Les François de quoy redeuables aux Italiens & aux Efpagnols.

LES Efpagnols prennent le contre-pied des Italiens, & felon le genie de la nation demeurent fort fur le ferieux, & ne demordent point fur le Theâtre de cette grauité naturelle ou affectée, qui ne plaift guere à d'autres qu'à eux. Vn fujet Comique eft beaucoup moins de leur caractere qu'vn fujet Tragique; mais de quelque maniere qu'ils s'aquitent de tous les deux, ils n'ont pas eftez goûtez en France, & ne diuertiffent pas comme les Italiens. Les François ont fceu tenir le milieu entre les vns & les autres, & par vn heureux temperament fe former vn caractere vniuerfel qui s'éloigne egalement des deux excez. Mais au fond nous fommes plus obligez aux Efpagnols qu'aux Italiens, & n'eftant redeuables aux derniers que de leurs ma-chines & de leur mufique, nous le fommes aux autres de leurs belles inuentions Poëtiques, nos plus agreables Comedies ayant efté copiées fur les leurs.

Les Anglois font tres bons Comediens pour leur na-tion, ils ont de fort beaux Theâtres, & des habits ma-gnifiques; mais ny eux, ny leurs Poëtes ne fe piquent

pas fort de s'átacher aux regles de la Poëtique, & dans
vne Tragedie ils feront rire & pleurer, ce qui ne fe
peut foufrir en France, où l'on veut de la regularité.
Toutes les fois qu'vn Roy fort, & vient à parêtre fur
le Theâtre, plufieurs Officiers marchent devant luy,
& crient en leur langue : *Place! place!* comme lorfque
le Roy paffe à Vvit-thal d'vn quartier à l'autre, parce
qu'ils veulent, difent ils, reprefenter les chofes naturellement. Ils en vfent de méme à proportion en d'autres
rencontres, & introduifent quantité de perfonnages
muets que nous nommons *Affiftans,* pour bien remplir
le Theâtre; ce qui fatisfait la veüe, & caufe auffi quelquefois de l'embarras. Eftant à Londres il y fix ans,
j'y vis deux fort belles Troupes de Comediens, l'vne
du Roy, & l'autre du duc d'Yorc, & ie fus à deux reprefentations, à *la Mort de Montezume, Roy de*
Mexique, & à celle *de Muftapha,* qui fe defendoit vi-
goureufement fur le Theâtre contre les muets qui le
vouloient étrangler; ce qui faifoit rire, & ce que les
François n'auroient reprefenté que dans vn recit. Il ne
fe peut fouhaitter d'hommes mieux faits, ny de plus
belles femmes, que i'en vids dans ces deux Troupes,
& la Comedie Angloife, pour n'eftre pas fi reguliere
que la nôtre, ny executée par des gens qui donnent
toute leur étude à cette profeffion, a toutefois fes
charmes particuliers.

Les Comediens Flamans ne doiuent marcher que les
derniers, & les Allemans font rang auec eux, la difference entre les vns & les autres n'eftant pas grande.
Leurs Poëtes Dramatiques font peu dans les regles, ils

n'ont ny les graces, ny la delicateſſe des nôtres. La
langue même, qui eſt vn peu rude, ne leur eſt pas fauorable, & ils ſont repreſentez auec peu d'art par des
gens qui ne frequentent jamais ny la Cour, ny le beau
monde, & qui la plus part, de même que les Anglois,
ne ſe donnent pas tout entiers à cette profeſſion, en
ayant quelque autre qu'ils exercent hors des jours de
Comedie, & leur Theâtre n'eſtant pas toûjours capable
de les bien entretenir.

XXIV

Le gouſt d'vn particulier ne doit pas l'emporter
ſur le gouſt vniuerſel.

A ſe faire juſtice les vns aux autres, & ſans eſtre
partial, ie ne crois pas, apres les choſes que ie viens
de dire, qu'on puiſſe diſputer la preſeance aux Comediens François, ſurtout à voir les deux Troupes de
Paris, que l'on ne peut ſouhaitter plus ácomplies,
& qui donnent à la cenſure le moins de priſe qu'il leur
eſt poſſible dans leurs repreſentations. A les bien examiner, & à n'en tirer que le droit vſage, les plus ſeueres
ne peuuent les blâmer avec juſtice. I'ay aſſez montré
que la Comedie eſt du nombre de ces choſes dont
l'inſtitution a eu vne fin louable, & qui ſont bonnes au
fond, quoy que par accident elles puiſſent deuenir mau-

uaifes. Il y a par tout vn mélange ineuitable de bien
& de mal, il ne faut que les fçauoir feparer, & que
regarder les chofes par les bons coftez. On peut cueillir
vne rofe fans fe piquer, on peut voir la Comedie fans
rifque, & le beau fruit qu'on en tire n'eft mal fain que
pour ces petits eftomacs qui rejettent tout. Le trifte re-
gime, où leur foibleffe les a reduits, ne doit pas eftre
vne loy pour d'autres. Les ragoufts leur font contraires,
ou ils ne les aiment pas : faut-il pour cela qu'ils foient
defendus à tout le Monde? Les efprits chagrins ne
prennent plaifir à rien, & blament tous les diuertiffements
honneftes ; d'autres gens les blament auffi fans eftre chagrins, & ils en ont leurs raifons ; & les vns & les autres,
pour authorifer leurs fentimens & leur maniere de
viure, veulent qu'il y ayt du crime dans les plaifirs les
plus jnnocens. Mais enfin il n'eft pas jufte qu'en des
chofes dont l'vfage eft bon à qui en fçait profiter, le
grand nombre fe regle fur le petit, & que le gouft de
quelques particuliers l'emportant fur le gouft vniuerfel,
priue le public de l'vtile diuertiffement de la Comedie.

LE THEATRE FRANÇOIS.

LIVRE SECOND.

DES AUTHEURS QUI ONT SOUTENU LE THEATRE DEPUIS QU'IL EST DANS SON LUSTRE.

I

Les Autheurs fermes apuys du Theâtre.

LES AUTHEURS doiuent eftre confiderez comme les Dieux Tutelaires du Theâtre; ce font eux qui le foûtiennent, ils en font les grans ápuys, & il tomberoit auec tous fes ornemens & fes pompeufes machines, fi de beaux vers & d'agreables intrigues ne chatoüilloient l'oreille de l'auditeur, à mefure que fa veüe eft diuer-

tie par la beauté des objets qu'on luy prefente. Ie fçais
que la Comedie ne demande pas feulement vn Autheur
qui la compofe, qu'elle veut auffi vn Acteur qui la
recite, & vn Theâtre où elle foit reprefentée auec les
embelliffemens qu'il luy peut donner. Mais l'inuention
du Poëte eft l'ame qui fait mouuoir tout le corps,
& c'eft de là principalement que le monde s'attend de
tirer le plaifir qu'il va chercher au Theâtre.

II

Grande temerité à qui en voudroit faire
publiquement la diftinction.

I'AY donc icy à parler & des Autheurs, & de leurs Ouurages, & ce fera auec toute la brieueté que i'ay ob-
feruée ailleurs. C'eft fans doute vne matiere des plus
difficiles & vne entreprife des plus hardies, felon le
biais qu'on voudroit fuiure pour l'executer; mais de la
maniere que ie vais m'y prendre, j'ay la temerité de
croire que j'y pourray reüffir. Ie ne fçais pas ce que le
Lecteur s'eft promis du titre de mon fecond Liure :
mais s'il attend de moy vne Critique, il fe trompe fort,
& c'eft vne chofe à quoy ie penfe auffi peu, que ie
m'en fens peu capable. I'ay du refpect pour tous les
Autheurs, & s'il m'eft permis, en lifant leurs ouurages,
d'en faire la diftinction dans mon cabinet, & de mefu-

rer la grande diftance qu'il y a des vns aux autres, il ne me l'eft pas de produire mes fentimens au Public. Il eft moins difficile de conceuoir les chofes que de les écrire, il y auroit méme de l'imprudence à écrire tout ce que l'on a conçeu, & les penfées les plus raifon- nables font bien fouuent celles qu'il nous faut le plus cacher. Ie ne diray donc rien du merite des Autheurs, dont chacun peut faire le difcernement fans moy; & le Leéteur fe contentera, s'il luy plaift, que ie luy donne icy feulement vne petite Bibliotheque de nos Poëtes François qui ont trauaillé pour le Theâtre, fans m'in- gerer de donner mon jugement fur leurs ouurages que i'ay eu la curiofité de raffembler :

Non noftrûm inter eos tantas componere lites.

Ie fuis vn trop petit compagnon pour ozer dire mon gouft. Chacun naturellement eft amoureux de foy- méme & de fes produétions; & s'il eft conuaincu en fa confcience qu'il y en a de plus belles, il ne prend pas plaifir à les entendre loüer; parce qu'il luy femble que c'eft tacitement blâmer les fiennes. Ie n'ay donc garde de m'engager dans vn chemin fâcheux d'où ie ne pour- rois fortir, & ie me reftreins à vn fimple denombrement des Autheurs & des pieces de Theâtre.

III

Pratique jngenieuse des Genealogistes de nôtre temps.

QUOY QU'IL femble qu'il n'y ayt rien en cela de difficile ny de dangereux, puis qu'il ne s'agit que d'un pur catalogue fans nul raifonnement, fans remarques ny commentaire, ce catalogue me donneroit encore de la peine, & autant qu'vne critique me feroit paffer pour temeraire, fi ie n'auois recours à l'artifice dont la plufpart des Genealogiftes fe font auifez de fe feruir. Pour éuiter de toucher aux preffeances, de regler le pas, & de caufer des jaloufies entre les Maifons, ils les prennent confufement & fans ordre, ou les placent felon le rang des Lettres de l'Alphabet. Ainfi dans leurs recueils la maifon d'*Anhalt* marche deuant la maifon d'*Auftriche,* & celle de *Bade* deuant celle de *Brandebourg.* Il en eft de méme des autres, & les Autheurs, que je reuere, ne feront pas fans doute fâchez que j'en vfe de la forte à leur égard, traittant les Dieux du Parnaffe fur le pied que font traittez les Dieux de la Terre.

Dans le catalogue que ie donne de leurs ouurages, ie ne produis que ceux qu'ils ont faits pour le Theâtre, & ils en ont prefque tous mis au jour beaucoup d'autres en profe & en vers, dont le recueil pafferoit les bornes de mon fujet. Ie puis méme, dans la quantité des pieces qui ont efté reprefentées depuis cinquante ans, en auoir obmis quelques vnes des moins confiderables, qui ont échapé à ma memoire, & au foin que i'ay pris de les rechercher, à quoy vne feconde edition peut aporter du remede.

IV

Diuerfité de genies entre les Poëtes.

QUOY QUE ie me fois tres juftement defendu de porter mon jugement fur les Pieces de Theâtre, & de toucher à la difference du merite des Autheurs, ie ne rifque rien à dire en general que chacun a fon talent particulier, & qu'il fe trouue vne grande diuerfité dans leurs genies. L'vn excelle dans vne belle & jufte difpofition du fujet, à bien foûtenir partout le caractere de fon Heros, à pouffer l'ambition, la haine, la colere & toutes les grandes paffions jufqu'où elles peuuent aller, à demefler la plus fine Politique des Eftats pour la faire entrer en commerce auec l'amour; & à donner enfin de la force à fes penfées par des vers pompeux & qui rempliffent l'oreille de l'Auditeur. L'autre a vne adreffe particuliere à toucher les paffions tendres, & fe montre admirable dans vne declaration d'amour. Il en fait faire l'áueu à fon Heroine auec une delicateffe qui emeut les fens, & il donne le méme beau tour aux foupçons, aux depits, aux craintes, aux efperances,

& à tout ce qu'il y a en amour d'agreable & de facheux.
Il y a des esprits qui ne font guere propres que pour
le ferieux, d'autres que pour le comique; & ie doute
fort que feu Monfieur de Rotrou euft pû venir à bout
d'un *Iodelet foufleté,* & Monfieur Scarron d'vn *Ven-
ceflas.* Il eft malaifé d'aller contre la nature & de forcer
le genie; & l'auftere Scipion eut effayé en vain d'imiter
Lelius, & d'aquerir ce qui le rendoit aimable. Ce n'eft
pas que nous n'ayons des Autheurs qui reüffiffent dans
les deux genres, foit qu'ils nous les feruent feparement,
foit qu'ils nous en facent vn ambigu. Mais il s'y void
toûjours quelque difference, & la balance ne peut eftre
fi égale, qu'elle ne panche de quelque cofté. D'ailleurs,
quoy que les Autheurs celebres puiffent egayer leur Mufe
quand il leur plaift, & que nous en ayons veu de beaux
Poëmes Comiques, depuis que plufieurs autres s'en font
mêlez, ils ont quitté le dé pour deux raifons que ie
m'imagine, & que chacun auffi peut s'imaginer.

V

Oeconomie des Autheurs dans l'expofition
de leurs ouurages.

CES Autheurs celebres dont la reputation eft bien
établie, qui ont leur jeu feur, & dont le nom
feul fuffit pour perfuader & aux Comediens & au

Peuple que leurs ouurages font bons, ne dedaignent
toutefois pas de les communiquer à leurs Amis, & d'en
écouter les fentimens. Ils n'attendent pas mefme que le
trauail foit parfait, ils produifent vn premier Acte,
& puis vn fecond, & vn troifiéme, & ne refufent pas
l'ápuy des gens de qualité qui vantent la bonté de leurs
ouurages. Mais ceux qui ne font que commencer, & qui
n'ont pas encore bien áquis le nom d'Autheurs, ne peuuent fe difpenfer en aucune forte d'auoir recours à des
gens capables, & de fubir leurs corrections. Comme dans
tous les ouurages en profe ou en vers le bon fens & la
belle expreffion doiuent foûtenir les matieres que l'on
traite, il faut, pour bien faire, les foûmettre neceffairement à la cenfure des Maîtres de l'art, & prier quelqu'vn
de Meffieurs de l'Academie Françoife d'y jetter les yeux.
C'eft elle feule qui doit juger fouuerainement de toutes
les productions qui paroiffent en nôtre Langue, quand
elles ne font pas tout à fait indignes de voir le iour;
& ie ne crois pas qu'il y en ayt guere de bien acheuées
que celles que l'on a foûmifes à fa critique. Si les Li-
braires eftoient bien fages, ils n'imprimeroient jamais
de liures qu'à cette condition, ils ne verroient pas leurs
magazins plier foûs le poids de tant de bales & macu-
latures inutiles, & ils gueriroient de la forte beaucoup
de gens de cette maladie inueterée d'écrire, dont ie voudrois eftre quite le premier.

VI

Le Theâtre redeuable de ſa gloire aux ſoins de l'Academie Françoiſe.

C'EST donc aux nobles trauaux & aux ſoins infatigables de l'Illuſtre Academie Françoiſe que le Theâtre eſt particulierement redeuable de la beauté des Poëmes que l'on y recite, où le Poëte tâche de répandre toutes les douceurs de nôtre langue, & de ne s'eſloigner iamais de ſa pureté. C'eſt le ſeul Oracle qu'il doit conſulter; il ne rend point de réponces qui ne ſoient claires, & l'on marche en ſeureté quand on marche ſous les auſpices de cette celebre Compagnie.

VII

Eloge de cette Illuſtre & celebre Compagnie.

Pour moy ie la reuere, & reconnois qu'en tout
Chacun ſe doit ſoûmettre à ce qu'elle reſout;
Et que pour bien parler, & que pour bien écrire,
A nul de ſes Arreſts il ne faut contredire,
Puis qu'enfin le langage & l'Empire François
Par tout egalement font reſpecter leurs loix;

Dans le même interest le Destin les assemble,
Et comme de concert leur gloire marche ensemble.
Elle est proche du faiste, & nos Neueux en vain
De la porter plus loin formeroient le dessein.
Il falloit vne langue & si noble & si belle
Pour rendre d'vn Grand Roy la memoire immortelle,
Et grauant sur l'airain ses Exploits jnouïs
Laisser à l'Vniuers l'Histoire de LOVYS.

VIII

La gloire des langues & celle des Empires marchent du pair.

IL est aisé de remarquer, dans les Annales & des
Grecs & des Romains, que la splendeur des Empires
& l'elegance des langues ont presque toûjours marché du
pair, & que l'on n'a iamais mieux parlé à Athenes que
soûs le regne du Grand Alexandre, ny à Rome que
soûs celuy de Trajan. Ie pourrois dire de même que
l'on ne parlera iamais mieux en France que soûs le
Regne admirable de Lovys *le Conquerant;* & si c'estoit
icy le lieu de s'estendre sur la gloire de son Empire
& de ses Triomphes, ie ne me defendrois pas d'en
parler sur la grandeur du sujet & sur ma foiblesse,
puisqu'à tous ceux à qui il est permis de crier : *Viue le
Roy,* il le doit estre de publier ses Victoires. Ie diray
seulement qu'il est constant que Messieurs de l'Academie

ont porté la langue Françoife au plus haut point de perfection, & qu'ils vont laiffer de fi bons preceptes à leurs fucceffeurs, qu'elle s'y pourra conferuer long-temps. Car de pretendre qu'elle fe porte plus loin & qu'elle puiffe aquerir d'autres auantages, ce feroit faire tort à ce Corps Illuftre, & mal iuger de tant de riches productions qui en partent tous les jours, au rang defquelles il nous faut mettre nos plus beaux ouurages de Theâtre. C'eft cette beauté & cette douceur de nôtre langue qui font que les Etrangers s'empreffent de l'aprendre, & comme i'ay veu avec foin toutes les parties de la Chreftienté, il m'a efté aifé de remarquer, qu'aujour-d'huy vn Prince, auec la feule langue Françoife qui s'eft par tout répanduë, a les mefmes auantages que Mithridate auoit auec vingt-deux. On peut dire que ce bel Eftat Academique a trouué en quelque maniere le fecret de la Domination vniuerfelle, puifqu'il fait regner le François en tant de lieux, & que dans toutes les Cours Etrangeres on fe pique de parler comme on parle au Louure; & il eft bien glorieux & de bon augure au monarque jnuincible de la France de voir toute l'Afie ápeler *Francs* tous les Peuples de l'Europe, & toute l'Europe ambitionner la gloire de parler François. I'ay creu deuoir cette petite remarque à la grande veneration que j'ay toûjours euë pour Meffieurs de l'Academie Françoife, & à la reconnoiffance que ie leur dois, pour m'auoir fourny dans leurs ouurages de quoy me corriger de mille fautes où tombent neceffairement ceux qui paffent toute leur vie hors du Royaume. Ie reprens le fil de ma narration.

IX

Comediens fçauans à preuoir le fucce{que doit auoir vne piece.

L'AUTHEUR qui n'a pas toutes les lumieres neceffaires, & n'eft pas encore paruenu à ce haut degré
de merite & de reputation de quelques Illuftres, ayant
receu l'aprobation des Cenfeurs rigides, à qui feulement
il doit expofer fa piece, la communique apres en particulier à celuy des Comediens qu'il croit le plus intelligent
& le plus capable d'en juger, afin que felon fon fentiment il la propofe à la Troupe, ou qu'il la fuprime. Car
les Comediens pretendent, & auec raifon, de pouuoir
mieux preffentir le bon ou le mauuais fuccez d'vn
ouurage, que tous les Autheurs enfemble & tous les
plus beaux efprits. En effet ils ont l'experience, & font
dans l'exercice continuel. Ioint que la plus part d'entre
eux font auffi Autheurs, & que dans la feule Troupe
Royale il y en a cinq dont les ouurages font bien
receus.

X

Auantages d'vne Troupe qui fournit de fon crû des ouurages au befoin.

C'EST vn grand auantage pour tout le corps, & les Autheurs celebres eftant quelquefois d'humeur à le porter vn peu haut, & à vouloir les chofes abfolument, les Comediens fe roidiffent de leur cofté, & par vne bonne œconomie tiennent toûjours de leur crû quelque ouurage preft pour s'en feruir au befoin; ce que ne peut faire vne Troupe où il n'y aura pas des Comediens Poëtes. Si le Comedien, à qui l'Autheur a laiffé fa piece pour l'examiner, trouue qu'elle ne puiffe eftre reprefentée, & ne foit bonne que pour le Cabinet, comme le fonnet qui caufe vn procez au Mifantrope, ce feroit vne chofe jnutile au Poëte, de faire affembler la Troupe pour la luy lire, eftant à prefumer que ce Comedien intelligent a le gouft bon, & qu'ayant du credit il amenera aifement fes camarades à fon fentiment. Mais s'il juge l'ouurage bon, & qu'il y ayt lieu de s'en promettre vn heureux fuccez, l'Autheur fe rend au Theâtre vn iour de Comedie, & donne áuis aux Comediens qu'il a vne Piece qu'il fouhaitte de leur lire. Quelquefois fans parler luy mefme, il fait donner cet áuis par quelqu'vn de fes amis.

XI

Coûtume obſeruée dans la lecture des pieces.

Sur cet áuis on prend iour & heure, on s'aſſemble ou au Theâtre, ou en autre lieu, & l'Autheur, ſans prelude ny reflexions (ce que les Comediens ne veulent point), lit ſa piece auec le plus d'emphaſe qu'il peut; car il n'y a pas icy tant de danger de jetter de la poudre aux yeux des Iuges, & il ne s'agit ny de mort, ny de procez. Ioint qu'il ſeroit difficile de tromper en cela les Comediens, qui entendent mieux cette matiere que le Poëte. A la fin de chaque Acte, tandis que le Lecteur prend haleine, les Comediens diſent ce qu'ils ont remarqué de fâcheux, ou trop de longueur, ou vn couplet languiſſant, ou vne paſſion mal touchée, ou quelques vers rudes, ou enfin quelque choſe de trop libre, ſi c'eſt du Comique. Quand toute la piece eſt leüe, ils en jugent mieux, ils examinent ſi l'intrigue eſt belle & bien ſuiuie, & le denoûment heureux; car c'eſt l'ecueil où pluſieurs Poetes viennent echoüer; ſi les Scenes ſont bien liées, les vers aiſez & pompeux ſelon la nature du ſujet, & ſi les caracteres ſont bien ſoûtenus, ſans toutefois les outrer, ce qui arriue ſouuent. Le Poëte, qui a pour but de nous peindre les choſes comme elles ſont, & dans le cours ordinaire, ne doit pas nous porter l'extrauagance d'vn jaloux au delà de toutes les extra-

ſ

uagances imaginables, ny nous peindre vn fot plus fot qu'aucun fot ne le peut étre. On prend plus de plaifir à vne peinture naturelle, & tous les excez font vicieux.

Les femmes, par modeftie, laiffent aux hommes le jugement des ouurages, & fe trouuent rarement à leur Lécture, quoy qu'elles ayent droit d'y affifter, & il y en a affeurement de tres capables entr'elles & méme qui peuuent donner des lumieres au Poëte. Celles qui font en poffeffion des premiers rôles feroient toutefois bien de s'y rencontrer toûjours, pour prendre le fens des vers de la bouche de l'Autheur, & s'expliquer auec luy fur de petites difficultez qui peuuent naître. Il y en a quelques vns des plus celebres qui les recitent admira-blement, & qui leur donnent le beau ton, comme ils leur ont donné le beau tour. Mais il y en a d'autres qui ont le recit pitoyable, & qui font tort à leurs ou-urages en les lifant.

XII

Conditions faites aux Autheurs.

L a piece eftant leüe & approuuée, on traitte des con-ditions, & il eft jufte qu'vn Autheur foit recompenfé d'vn trauail de fix mois ou d'vne année. Il y en a à qui vne piece coûte autant de temps, qui ne fe laffent point de la peigner & de la polir, qui l'enferment trois mois dans vne caffete, & qui la reuoyent apres d'vn autre œil que lorfqu'ils l'ont ébauchée; qui veulent enfin, felon le confeil d'Horace, châtier cet enfant de leur cerueau iufques à dix foix. Il y en a d'autres auffi qui y apportent moins de façon, qui trauaillent & promtement & fans peine, dont les premieres penfées ne peuuent foufrir la correction des fecondes, & qui tout d'vn coup jettent leur feu. Nous auons veu vn Moliere, inimitable dans les ouurages Comiques, faire en peu de jours des pieces qui ont été fort fuiuies, comme l'ont efté generalement toutes les Comedies qui portent fon nom.

Ie reuiens aux conditions que les Comediens font à l'Autheur, & ce ne feroit pas affez de dire en general qu'ils en vfent genereufement, & quelquefois au delà méme de ce qu'il fouhaitte ; il faut venir au detail & donner cette fatisfaction à ceux qui veulent fçauoir comme tout fe paffe dans le monde. La plus ordinaire condition & la plus iufte de cofté & d'autre eft de faire entrer l'Autheur pour deux parts dans toutes les reprefentations de fa piece iufques à vn certain temps. Par exemple, fi l'on reçoit dans vne Chambrée (c'eft ce que les Comediens ápellent ce qu'il leur reuient d'vne reprefentation, ou la recette du iour; & comme chaque fcience a fes notions qui luy font propres, chaque Profeffion a auffi fes termes particuliers) fi l'on reçoit, dis-ie, dans vne Chambrée feize cent foixante liures, & que la Troupe foit compofée de quartorze parts, l'Autheur, ce foir-là, aura pour fes deux parts deux cens liures, les autres foixante liures, plus ou moins, s'étant leuées par preciput pour les frais ordinaires, comme les lumieres & les gages des Officiers. Si la piece a vn grand fuccez, & tient bon au double vingt fois de fuite, l'Autheur eft riche, & les Comediens le font auffi; & fi la piece a le malheur d'échouer, ou parce qu'elle ne fe foûtient pas d'elle-même, ou parce qu'elle manque de partizans qui laiffent aux Critiques le champ libre pour la décrier, on ne s'opiniâtre pas à la joüer dauantage, & l'on fe confole de part & d'autre le mieux que l'on peut, comme il faut fe confoler en ce monde de tous les euenemens fâcheux. Mais cela n'arriue que tres rarement; & les Comediens fçauent trop bien preffentir le fuccez que peut auoir vn ouurage.

XIII

Combat de generofité entre les Poëtes & les Comediens.

QUELQUEFOIS les Comediens payent l'ouurage comtant, iufques à deux cens piftoles & au delà, en le prenant des mains de l'Autheur, & au hazard du fuccez. Mais le hazard n'eft pas grand quand l'Autheur eft dans vne haute reputation, & que tous fes ouurages precedens ont reüffi; & ce n'eft auffi qu'à ceux de cette volée que fe font ces belles conditions du comtant ou des deux parts. Quand la piece a eu vn grand fuccez, & au delà de ce que les Comediens s'en étoient promis, comme ils font genereux, il font de plus quelque

preſent à l'Autheur, qui ſe trouue engagé par là de
conſeruer ſon affection pour la Troupe. Cette genero-
ſité des Comediens ſe porte ſi loin, qu'vn Autheur des
plus celebres & des plus modeſtes força vn jour la
Troupe Royale de reprendre cinquante piſtoles de la
ſomme qu'elle luy auoit enuoyée pour ſon ouurage.

Mais pour vne premiere Piece, & à vn Autheur dont
le nom n'eſt pas connu, ils ne donnent point d'argent,
ou n'en donnent que fort peu, ne le conſiderant que
comme vn aprentif qui ſe doit contenter de l'honneur
qu'on luy fait de produire ſon ouurage. Enfin la piece
leüe & acceptée à la condition du comtant ou des deux
parts, le plus ſouuent l'Autheur & les Comediens ne ſe
quittent point ſans ſe regaler enſemble, ce qui conclud
le Traité.

XIV

Saiſons des pieces nouuelles.

Toutes les ſaiſons de l'année ſont bonnes pour
les bonnes Comedies : mais les grans Autheurs ne
veulent guere expoſer leurs pieces nouuelles que depuis
la Touſſaint juſques à Paſques, lors que toute la Cour
eſt raſſemblée au Louure, ou à S. Germain. Ainſi
l'hyuer eſt deſtiné pour les pieces Heroïques, & les
Comiques regnent l'Eſté, la gaye ſaiſon voulant des
diuertiſſemens de méme nature.

XV

Remarques sur les trois jours de la semaine destinez aux representations.

IL eſt bon de remarquer icy, que les Comediens n'ouurent le Theâtre que trois iours de la ſemaine, le Vendredy, le Dimanche, & le Mardy, ſi ce n'eſt qu'il ſuruienne quelque feſte hors de ces iours là, qui ne ſoit pas du nombre des ſolènnelles. Ces iours ont eſté choiſis auec prudence, le Lundy eſtant le grand Ordinaire pour l'Alemagne & pour l'Italie, & pour toutes les Prouinces du Royaume qui ſont ſur la route; le Mercredy & le Samedy iours de marché & d'affaires, où le Bourgeois eſt plus occupé qu'en d'autres; & le Ieudy eſtant comme conſacré en bien des lieux pour vn iour de promenade, ſur tout aux Academies & aux Colleges. La premiere repreſentation d'vne piece nouuelle ſe donne toûjours le Vendredy pour preparer l'aſſemblée à ſe rendre plus grande le Dimanche ſuiuant par les eloges que luy donnent l'Annonce & l'Affiche. On ne joüe la Comedie que trois jours de la ſemaine pour donner quelque relaſche au Theâtre, & comme l'attachement aux affaires veut des interuales, les diuertiſſemens demandent auſſi les leurs :

Voluptates commendat rarior vſus.

XVI

Diſtribution des Rôles.

A PRES la lecture de la piece qui a eſté acceptée, il faut penſer à la diſpoſer & à faire vne iuſte diſtribution des rôles, en quoy il ſe trouue ſouuent de petites difficultez, chacun naturellement ayant bonne opinion de ſoy-méme, & croyant qu'vn premier rôle l'eſtablira mieux dans l'eſtime des Auditeurs. Il y en a pourtant qui ſe font juſtice, & ſe contentent des ſeconds rôles, ou qui ont l'alternatiue auec vn camarade pour les premiers. Il en eſt de méme des Actrices, qu'il y a vn peu plus de peine à regler que les Acteurs; & il eſt conſtant que les talens ſont diuers, que l'vne excelle dans les tendres paſſions, l'autre dans les violentes; que celle-cy s'aquitte admirablement d'vn rôle ſerieux, que celle-là n'eſt guere propre que pour vn rôle enjoué, & qu'en toutes ces choſes le plus & le moins fait la difference du merite. Les Troupes de Campagne ſont plus ſújetes à ces petites emulations, & pour les preuenir à Paris, quand l'Autheur connoiſt la force & le talent de chacun, (ce qu'il eſt bon qu'il ſçache pour prendre mieux ſes meſures) les Comediens ſe dechargent ſur luy auec plaiſir de la diſtribution des rôles, en quoy il prend auſſi quelquefois le conſeil d'vn de la Troupe. Mais encore eſt il ſouuent aſſez empeſché, & il a de la peine à contenter tout le monde. Cependant vne piece bien diſpoſée en reüſſit beaucoup mieux, & c'eſt l'intereſt commun de l'Autheur & de la Troupe, & même de l'Auditeur, que chacun joüe le rôle dont il eſt capable, & qui luy conuient le mieux.

XVII

Repetitions.

LES rôles deüement diſtribuez, chacun va exercer ſa memoire, & ſi le temps preſſe, & qu'il ſoit neceſſaire de faire vn effort, vne grande piece peut eſtre ſceüe au bout de huit jours. Il y a d'heureuſes memoires, à qui vn rôle, quelque fort qu'il ſoit, ne coûte que trois matinées. Mais ſans beſoin les Comediens ne ſe preſſent point, & quand ils ſe ſentent fermes dans leur étude, ils s'aſſemblent pour la premiere repetition, qui ne ſert qu'à ébaucher, & ce n'eſt qu'à la ſeconde ou à la troiſiéme qu'on commence à bien juger du ſuccez que la piece peut auoir. Ils ne ſe hazardent pas de la produire qu'elle ne ſoit parfaitement bien ſceüe & bien concertée, & la derniere repetition doit eſtre juſte comme l'ors qu'on la veut repreſenter. L'Autheur aſſiſte ordinairement à ces repetitions, & releue le Comedien, s'il tombe en quelque defaut, s'il ne prend pas bien le ſens, s'il ſort du naturel dans la voix ou dans le geſte,

s'il áporte plus ou moins de chaleur qu'il n'eſt à propos dans les paſſions qui en demandent. Il eſt libre aux
Comediens intelligens de donner auſſi leurs auis dans
ces repetitions, ſans que ſon camarade le trouue mauuais, parce qu'il s'agit du bien public.

Voilà ce que i'auois à dire en general de la maniere
dont les Autheurs ſe gouuernent auec les Comediens.
Il eſt tems d'en donner le catalogue, & pour faire les
choſes auec plus d'ordre, ie crois qu'il ne ſera pas mal
à propos de les ranger en trois claſſes. Ie feray entrer
dans la premiere ceux qui ſoûtiennent preſentement le
Theâtre; dans la ſeconde, ceux qui l'ont ſoûtenu,
& qui ne trauaillent plus; & dans la troiſiéme, ceux
dont la memoire nous eſt encore recente, ayant fini
leurs iours dans ce noble employ. Ie donneray auſſi, au
Liure ſuiuant, le catalogue des Autheurs Comediens,
& de leurs ouurages.

XVIII

Catalogue des Autheurs & de leurs ouurages.

AUTHEURS QUI SOUTIENNENT PRESENTEMENT

LE THEATRE.

MM. Bourſaut; Boyer; Corneille l'Aiſné; Corneille
le Ieune; Gilbert; Montfleury; Quinaut; Racine; D. V.

PIECES DE THEATRE DE CHACUN DE CES AUTHEURS.

DE MONSIEVR BOVRSAVT :

Les Nicandres. — *Le Portrait du Peintre.* — *Les Cadenats.* — *Le Mort Viuant.* — *Les Yeux de Philis en Paſtorale.* — *Germanicus.*

DE MONSIEVR BOYER :

Tout ſeu dans ſes vers, tout eſprit dans ſes penſées.
Igneus eſt ollis vigor, & celeſtis origo.

La Porcie Romaine. — *Ariſtodeme.* — *Le faux Tonaxare.* — *Le Fils ſuppoſé.* — *Clotilde.* — *Frederic.* — *Demetrius.* — *Policrite.* — *La Feſte de Venus.* — *Le Ieune Marius.* — *La Ieune Celimene.* — *L'heureux Policrate.* — *Les Amours de Iupiter & de Semele,* Piece de machines. — *Demarate.*

DE MONSIEVR DE CORNEILLE L'AISNÉ :

Le Théâtre de Pierre Corneille ſe trouue au Palais, chez Guillaume de Luynes, ou en **2** Volumes fol. auec vn ſçauant Traitté de la Poëtique & de la Pratique du Théâtre, ou en **3** Volumes 8, ou en **4** petits **12.**

TOME I. *Melite.* — *Clitandre.* — *La Veuue.* — *La Galerie du Palais.* — *La Suiuante.* — *La Place Royale.* — *Medée.* — *L'Illuſion Comique.*

TOME II. *Le Cid.* — *Les Horaces.* — *Cinna.* —

Polyeucte. — La Mort de Pompée. — Le Menteur. — La Suite du Menteur. — Theodore.

Tome III. *Rodogune. — Heraclius. — Andromede. — Dom Sanche d'Arragon. — Nicomede. — Pertarite. — Oedipe. — La Toison d'or.*

Tome IV. *Sertorius. — Sophonisbe. — Othon. — Agesilas. — Attila. — Berenice. — Pulcherie.*

Ce sont là les grans & fameux ouurages de Pierre Corneille l'Aisné des deux freres :

> Nec viget quicquam simile aut secundum.
> Proximos illi tamen occupauit
> *Alter* honores.

DE MONSIEVR CORNEILLE LE IEUNE .

A produit vingt-quatre belles Pieces de Theâtre, qui se trouuent chez le méme de Luynes, en quatre Tomes 12.

Tome I. *Les Engagemens du hazard. — Le Feint Astrologue. — Dom Bertrand de Cigaral. — L'Amour à la mode. — Le Berger Extrauagant. — Les Charmes de la voix.*

Tome II. *Le Geolier de soy-méme. — Les Illustres Ennemis. — Timocrate. — Berenice. — La Mort de l'Empereur Commode. — Darius.*

Tome III. *Le Galant doublé. — Stilicon. — Camma. — Maximian. — Pyrrhus. — Persée & Demetrius. — Antiochus.*

TOME IV. *Annibal.* — *Le Baron d'Albierac.* — *Ariane.* — *Theodat.* — *Laodice.*

Ces cinq dernieres pieces fe vendent encore feparement : mais comme elles peuuent faire vn jufte volume, le Libraire les raffemblera bien-toft dans vn quatriéme Tome.

DE MONSIEVR GILBERT :

Les Heraclides. — *Thelephonte.* — *Endimion.* — *Arie & Petus, ou les Amours de Neron.* — *Amours d'Angelique & de Medor.* — *Les Intrigues amoureufes.* — *Les Amours d'Ouide.*

DE MONSIEVR DE MONTFLEVRY :

L'Ecole des Ialoux. — *L'Ecole des Filles.* — *L'Inpromptu.* — *Thrafybule.* — *La Femme Iuge & Partie.* — *La Fille Capitaine.* — *Le Gentil-homme de Beauffe.* — *L'Ambigu Comique.* — *Le Comedien Poëte.*

DE MONSIEVR QVINAVT :

En diuers Tomes, chez Guillaume de Luynes.

Les Riuales. — *La genereufe Ingratitude.* — *L'Etourdi.* — *Les Coups d'Amour & de la Fortune.* — *Le Fantofme amoureux.* — *La Comedie fans Comedie.* — *L'Amalazonte.* — *Le Mariage de Cambyfe.* — *Alcibiade.* — *Agrippa, ou le faux Tiberinus.* — *Stratonice.* — *Cyrus.* — *Paufanias.* — *La Mere Coquete.* — *Bellerophon.*

Et pour L'OPERA :

Les Feftes de l'Amour & de Bacchus, Paftorale. —

Cadmus & Hermione, Tragedie. — *Alcefte*, Tragedie.

Le même Autheur a fait encore vn ouurage foûs le nom des *Amours de Lyſis & d'Heſperie*, Paſtorale Allegorique ſur le ſujet de la negotiation de la Paix & du Mariage du Roy. Elle fut compoſée, de concert auec M. de Lyonne, ſur les memoires qu'en fournit le Cardinal Mazarin, & repreſentée au Louure par la Troupe Royale. Mais elle n'a pas eſté imprimée pour de certaines raiſons, & l'original, apoſtillé de Monſieur de Lyonne, eſt dans la Bibliotheque de Monſieur Colbert.

DE MONSIEVR RACINE :

Le Thebaïde. — *Alexandre le Grand.* — *Andromaque.* — *Britannicus.* — *Berenice.* — *Bajaʒet.* — *Mithridate.*

DE MONSIEVR D. V.

La Mere Coquete, faite auſſi par Monſieur Quinaut. — *Delie,* Paſtorale. — *Les Maris Infideles.* — *La Veuue à la mode.* — *Le Gentil-homme Gueſpin.* — *Les Coſteaux.* — *La Loterie.* — *Venus & Adonis.* — *Les Amours du Soleil.* — *Le Mariage de Bacchus.*

Ces trois dernieres Pieces ſont des pieces de machines.

AUTHEURS QUI ONT SOUTENU LE THEATRE, ET QUI NE TRAUAILLENT PLUS.

MM. d'Aubignac; de Benſerade; Le Clerc; La Cleriere; Mˡˡᵉ des Iardins; Mairet; Des Mareſts; de Montauban; de Salbret.

PIECES DE THEATRE DE CHACUN DE CES AUTHEURS.

DE MONSIEVR D'AVBIGNAC :

Zenobie, en Prole.

Il a de plus tres bien écrit du Theâtre.

DE MONSIEVR DE BENSERADE :

Cleopatre. — Guſtaue. — Meleagre. — La Diſpute des Armes d'Achille.

DE MONSIEVR LE CLERC :

Le Iugement de Pâris. — La Virginie.

DE MONSIEVR DE LA CLERIERE :

Amurat. — Iphigenie.

DE MADEMOISELLE DES IARDINS :

Qui s'eſt áquis beaucoup de reputation par ſes Ouurages galans en proſe & en vers, & qu'il faut faire entrer dans la claſſe des Autheurs de nôtre ſexe, à moins que de luy en donner vne à part :

Manlius. — Le Fauori. — Nitetis.

DE MONSIEVR MAIRET :

Chriſeïde. — Sophonisbe. — Siluanire. — Aſpaſie. — Mor: d'Hercule.

DE MONSIEVR DES MARESTS :

Les Vifionnaires. — *Scipion.* — *Le Mariage d'Alexandre.* — *L'Europe.*

DE MONSIEVR DE MONTAVBAN :

Seleucus. — *Indegonde.* — *Zenobie,* en vers. — *Les Comtes de Hollande.* — *Les Charmes de Felicie.*

DE MONSIEVR DE SALBRET :

L'Enfer diuertiffant. — *La belle Egyptienne.* — *Andromaque,* piece de Machines.

AUTHEURS QUI ONT TRAUAILLÉ POUR LE THEATRE, ET FINI LEURS JOURS DANS CE NOBLE EMPLOY.

MM. Bigre; de Boifrobert; des Broffes; Claueret; Cyrano; Douuille; Durier; Gillet; de Gombaud; Magnon; Marechal; de la Menardiere; Moliere; Pichou; de Rotrou; Scarron; de Scudery; de la Serre; Triftan.

PIECES DE THEATRE DE CHACUN DE CES AUTHEURS.

DE MONSIEVR BIGRE :

Le Fils mal-heureux. — *Le Bigame.*

DE MONSIEVR DE BOISROBERT :

Les Apparences trompeufes. — *La Belle Inuifible.*

— La Belle Plaideuse. — L'Inconnu. — Alphedre. — Periandre. — La Fola Gageüre.

DE MONSIEVR DES BROSSES :

Les Songes des Eucillez . . . .

DE MONSIEVR CLAVERET :

Le Roman du Marais. — Le Ravissement de Proserpine. — Les Faux Nobles.

DE MONSIEVR CYRANO :

Agrippine. — Le Pedant Ioüé.

DE MONSIEVR DOVVILLE :

Les Fourbes d'Arbiran. — L'Astrologue. — L'Esprit follet. — L'Absent chez soy. — Croire ce qu'on ne void point, ou ne pas croire ce que l'on void.

DE MONSIEVR DVRIER :

Les Vendanges de Surefne. — Alcimedon. — Esther. — Sceuole. — Cleomedon. — Nitocris. — Themistocle. Alcyonée.

DE MONSIEVR GILLET :

Les Cinq Passions. — L'Art de regner. — Constantin. — Sigismond. — Le Deniaisé. — Le Campagnard.

DE MONSIEVR DE GOMBAUD :

L'Amaranthe, Pastorale. — Les Danaides.

DE MONSIEVR MAGNON :

Sejanus. — Iosaphat. — Oroondate.

DE MONSIEVR MARECHAL :

Torquatus. — *Le Capitan Fanfaron.*

DE MONSIEVR DE LA MENARDIERE :

La Pucelle d'Orleans.

DE MONSIEVR DE MOLIERE :

Les Pretieuses Ridicules. — *L'Etourdi, ou les Contretemps.* — *L'Amour Medecin.* — *Le Cocu Imaginaire.* — *Le Misantrope.* — *Le Depit Amoureux.* — *Le Médecin malgré luy.* — *L'Ecole des Maris.* — *L'Ecole des Femmes.* — *L'Amphitrion.* — *La Princesse d'Elide.* — *Le Mariage forcé.* — *Porsegnac.* — *George Dandin.* — *Le Bourgeois gentil-homme.* — *Les Fourberies de Scapin.* — *L'Auare.* — *Tartufe.* — *Les Femmes sçauantes.* — *Psyché,* piece de Machines. — *Le Malade Imaginaire.*

DE MONSIEVR PICHOV :

Les Folies de Cardenio. — *La Phillis de Scire.*

DE MONSIEVR DE ROTROV :

Celimene. — *Lisimene.* — *Laure Persecutée.* — *La Thebaïde.* — *Aluare de Lune.* — *Venceslas.* — *Amaryllis.* — *Amphitrion.* — *Les Menechmes.*

DE MONSIEVR SCARRON :

L'Heritier Ridicule. — *Iodelet, ou le Maistre valet.* — *Iodelet Soufleté.* — *Blaize Pol.* — *L'Ecolier de Salamanque.* — *Philippin Prince.* — *Dom Iaphet*

6

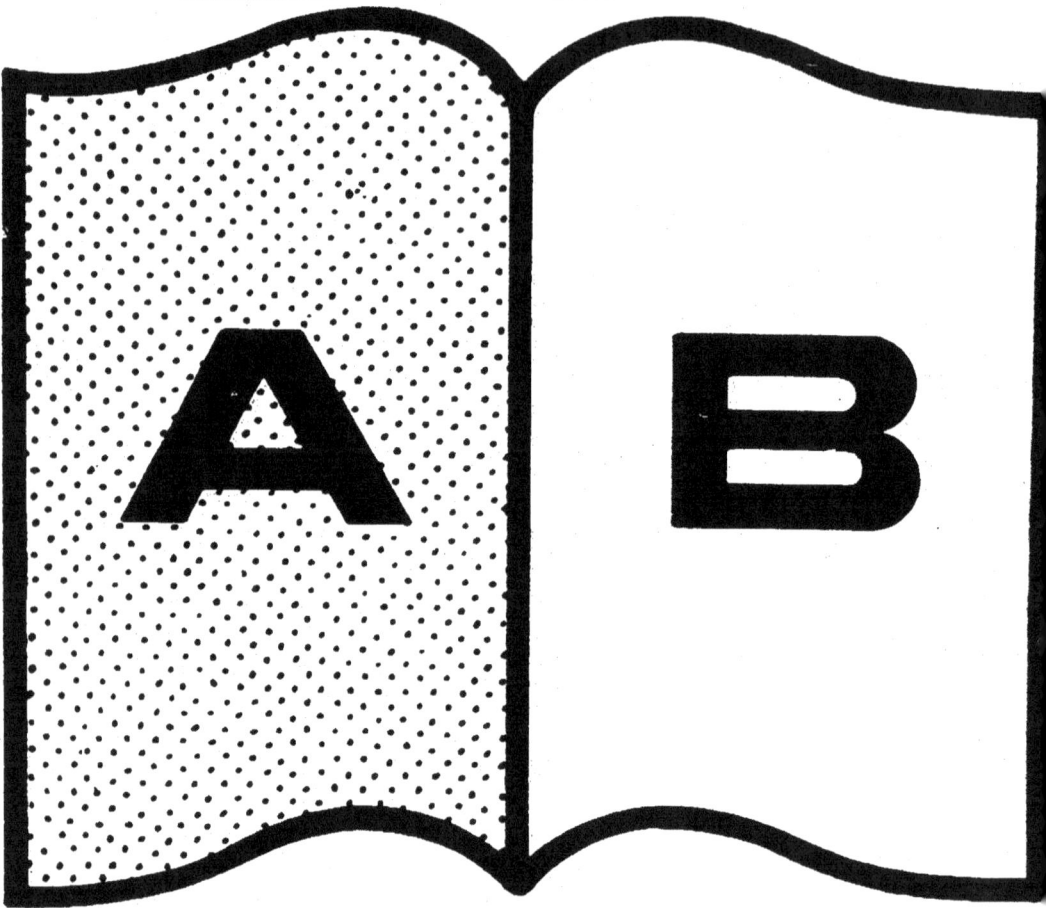

Contraste insuffisant

NF Z 43-120-14

d'Armenie. — Les Fausses apparences. — Le Prince Corsaire. — Le Gardien de soy-méme. — Le Marquis Ridicule.

DE MONSIEVR DE SCVDERY :

Lidias ou Lygdamon. — Le Trompeur puni. — Lucidan, ou le Heraut d'Armes. — Orante. — La Mort de Cesar. — Les Freres ennemis. — Andromire. — Le Prince deguisé. — Didon. — Annibal. — Ibrahim.

DE MONSIEVR DE LA SERRE :

Thomas Morus.

DE MONSIEVR TRISTAN :

Osman. — La Folie du Sage. — Marianne. — Bajaʒet. — La Mort de Crispe. — La Mort de Seneque.

LE THEATRE FRANÇOIS,

LIVRE TROISIEME.

DE LA CONDUITE DES COMEDIENS ET DE L'ÉTABLISSEMENT DES DEUX HOSTELS.

I

Deux fources des plaifirs qu'on va goûter au Theâtre.

ᴇs plaifirs du Theâtre coulent de deux fources, qui doiuent y contribuer egalement; & leur vnion eft fi neceffaire, que, l'vne ou l'autre venant à manquer, il n'y a proprement plus de Comedie. Peu de gens font capables de bien goûter un Poëme Dramatique dans le cabinet, & le Poëte en a peu de gloire, fi le

Comedien ne le recite en public. Les Autheurs, comme j'ay dit, font les Dieux Tutelaires du Theâtre, & les Acteurs font les Interpretes de leurs volontez, qui n'ont guere de force que dans leurs bouches. Pour dire les chofes plus clairement, vne Piece, quelque excellente qu'elle puiffe eftre, n'ayant pas efté reprefentée, ne trouuera point de Libraire qui fe veuille charger de l'impreffion; & la moindre bagatelle qui fera fade fur le papier, & que l'action aura fait goûter fur le Theâtre, trouue d'abord marchand dans la Sale du Palais. Ce font là des preuues bien certaines de la neceffité abfoluë du Comedien pour les plaifirs du fpectacle, puifque l'ouurage du Poëte feroit enterré, ou renfermé au moins dans les triftes bornes d'vn manufcrit, qui ne peut guere paffer que dans deux ou trois ruelles.

II

Difference des genies entre les Comediens.

I'AY parlé de la difference qui fe trouue dans les genies des Autheurs; il y en a de même entre les Acteurs & les Actrices; ce qu'au liure precedent ie n'ay pas affez touché. Comme les talens font diuers, l'vn n'eft propre que pour le ferieux, l'autre que pour le Comique, & Iodelet auroit auffi mal reüffi dans le rôle de *Cinna*, que Bellerofe dans celuy de *Dom Iaphet d'Armenie*. Il eft rare de voir vn acteur exceller dans les deux

genres, & dans tous les caracteres, & le Theâtre n'a guere
eu qu'vn Montfleury qui s'est rendu Illustre en toutes
manieres.

Aussi auoit il de l'esprit infiniment, & il s'en est fait
vne large effusion dans sa famille. Les Troupes vsent
en cecy d'une iuste œconomie, & les Comediens se faisant iustice les vns aux autres partagent entre eux les
rôles selon leur capacité. Celui-cy prend les Roys,
celui-là les Amoureux, & les plus habiles ne dedaignent
point de prendre vn Suiuant, s'il est necessaire. S'ils en
vsent autrement, & si dans la distribution des rôles ils
ont d'autres veües que le bien commun, & de la Troupe,
& du Poëte, & de l'Auditeur, ils en sont blamez; ce
qui arriue quelquefois dans les Troupes de Paris,
& tres souuent dans celles de la Campagne. Il en est de
même des femmes, dont les vnes sont propres pour des
rôles emportez, les autres pour des rôles tendres;
& comme il n'y en a pas vne qui ne soit bien aise de
passer toûjours pour jeune, elles ne s'empressent pas
beaucoup à representer des Sisigambis. Il est de l'art du
Poëte de ne produire des meres que dans vn bel âge,
& de ne leur pas donner des fils qui puissent les con-
uaincre d'auoir plus de quarante ans. Pour dire les
choses comme elles sont, & à la Comedie, & par tout
ailleurs, il y a de la peine à regler les femmes, & les
hommes en donnent moins.

III

Excellent Compofé du Poëte & du Comedien.

L E Comedien & le Poëte font de la forte vn excellent
Compofé, & font, à le bien prendre, le corps
& l'ame de la Comedie. Le Poëte eft la forme fubftan-
tielle, & la plus noble partie, qui donne l'eftre & le
mouuement à l'autre : le Comedien eft la matiere, qui,
reuêtue de fes accidens, ne touche pas moins les fens
que l'efprit, de qui elle reçoit fon action. C'eft ce qui
doit aifement perfuader qu'ils font d'auffi ancienne origine l'vn que l'autre, & que dès qu'il s'eft parlé au
Monde de Comedie, il s'eft parlé de Poëtes & de Comediens. I'ay donné aux premiers tout le Liure precedent,
ie deuoüe celuy cy aux autres, c'eft à dire aux Comediens de France, & particulierement à ceux qui compofent les deux Troupes de Paris. Leurs Predeceffeurs font
fortis de la Grece, & ayant paffé en Italie fe font depuis
répandus dans les autres Prouinces de l'Europe, où ils
ont áquis de la reputation, & l'ápuy de tous les Princes.
Il eft aifé de croire que leur Gouuernement a fouuent
changé de face, & qu'ils fe font ácommodez aux temps
& aux coûtumes des lieux ; ils n'ont pas toûjours obferué
les mémes loix, & nos Comediens François, dont il
s'agit feulement, ont fondé leur petit Eftat fur d'affez
bonnes maximes.

Mais auant que d'aller plus loin, & d'expliquer à fond la maniere dont les Comediens se gouuernent en ce qui regarde l'intéreſt public, voyons comme ils se conduiſent dans le particulier; & puiſqu'il eſt vray que dans le Monde chaque Famille eſt vne petite Republique, & vne image du Gouuernement des grans Eſtats, il eſt bon d'examiner dans la matiere que ie traite, ſi les parties répondent au tout, & ſi entre les Comediens chaque pere de famille conduit ſa maiſon auec autant d'ordre, qu'ils en áportent tous enſemble à bien conduire l'Eſtat. Ie ne ſuis ny Poëte, ny Comedien : mais i'ay auec les honneſtes gens beaucoup de paſſion pour la Comedie, i'honore fort ceux qui l'inuentent, & i'aime fort ceux qui l'executent : ce qui m'oblige d'en donner icy vn portrait fidelle pour detromper les eſprits qui ſe laiſſent aller au torrent des opinions vulgaires, qui ne ſont pas toûjours ápuyées ſur la verité.

IV

Intereſts des Comediens ápuyez par les declarations
du Souuerain.

IL n'y a point de profeſſion au Monde autoriſée par le Souuerain, qui ne ſoit iuſte & vtile, & qui n'ayt pour but le bien public. Cela ne va que du plus au moins, & c'eſt vne de ces erreurs populaires de croire que la Comedie ayt en ſoy quelque choſe de blâmable,

& que les Comediens foient moins à eftimer que ceux qui ne le font pas. J'entens par la Comedie, celle qui eft purgée de tous fales equiuoques & de mechantes idées; & par les Comediens j'entens ceux qui viuent moralement bien, & qui parmy les deuots, (à la Comedie près, dont ils fe declarent ennemis) pafferoient pour fort honneftes gens dans le monde. Ie n'eftime point vn Comedien dont la vie eft dereglée, & i'eftime auffi peu toute autre perfonne de quelque profeffion qu'elle puiffe eftre, qui paffe de même les bornes de l'honnefteté. L'honnefte homme eft honnefte homme par tout, & le grand & facile accez que les Comediens ont aupres du Roy & des Princes, & de tous les Grands Seigneurs qui leur font careffe, doit fort les confoler de fe voir moins bien dans les efprits de certaines gens, qui au fond ne connoiffent ny les Comediens ny la Comedie, ou qui affeÉtent de ne les connêtre pas. Pour moy, qui les ay affez hantez, ie dois áuoüer que ie n'ay pas trouué moins de plaifir chez eux dans leur honnefte conuerfation, que dans leur Hoftel à la reprefentation de leurs Comedies.

V

Leur affiduité aux exercices pieux.

QUOYQUE la profeffion des Comediens les oblige de reprefenter inceffamment des intrigues d'amour, de rire & de folâtrer fur le Theâtre; de retour

chez eux ce ne font plus les mémes, c'eſt vn grand
ſerieux & vn entretien ſolide; & dans la conduite de
leurs familles on découure la méme vertu & la méme
honneſteté que dans les familles des autres Bourgeois
qui viuent bien. Ils ont grand ſoin, les Dimanches
& les Feſtes, d'aſſiſter aux exercices de pieté, & ne
repreſentent alors la Comedie qu'apres que l'Office
entier de ces iours là eſt acheué, lequel, comme chacun
ſçait, commence la veille aux premieres Veſpres, & finit
le lendemain aux ſecondes; de ſorte qu'on ne peut leur
reprocher qu'ils ayent moins de reſpeét que d'autres
pour le Dimanche & les Feſtes, puiſqu'alors le ſeruice
de l'Egliſe eſt acheué, & que le Peuple, qui ne peut pas
toûjours auoir l'eſprit tendu à la deuotion, va chercher
quelques diuertiſſemens honneſtes. Que ſi on trouue
mauuais qu'ils prennent cette liceuce, il n'eſt pas iuſte
de crier contre eux plus que contre d'autres gens, à qui
on ne dit mot, quoy que toute l'apreſdinée du Dimanche
ils tiennent ouuerts pluſieurs lieux deſtinez au diuertiſſement du public, & où il y a moins à profiter qu'au
Theâtre. Mais aux Feſtes ſolennelles, & dans les deux
ſemaines de la Paſſion les Comediens ferment le
Theâtre, ils ſe donnent particulierement durant ce
temps là aux exercices pieux, & aiment ſur tout la predi-
cation, qui eſt vn des plus vtiles. Quelques vns d'entre
eux m'ont dit que, puiſqu'ils auoient embraſſé vn genre
de vie qui eſt fort du monde, ils deuoient hors de leurs
occupations, trauailler doublement à s'en detacher,
& cette penſée eſt fort Chreſtienne.

VI

Leurs aumoſnes.

Aussi la charité, qui couure vne multitude de pechez, eſt fort en vſage entre les Comediens; ils en donnent des marques aſſez viſibles, ils font des aumônes & particulieres & generales, & les Troupes de Paris prennent de leur mouuement des boiſtes de pluſieurs hoſpitaux & maiſons Religieuſes, qu'on leur ouure tous les mois. I'ay veu méme des Troupes de Campagne, qui ne font pas de grans gains, deuoüer aux hoſpitaux des lieux où elles ſe trouuent la recette entiere d'vne repreſentation, choiſiſſant pour ce jour là leur plus belle piece pour attirer plus de monde.

VII

L'education de leurs enfans.

La bonne education de leurs enfans ne doit pas eſtre oubliée, & les familles de Comediens que i'ay con-nües à Paris ont eſté eleuées auec grand ſoin; l'ordre en toutes choſes eſtoit obſerué, les garçons inſtruits dans les belles connoiſſances, les filles occupées au trauail,

la table bonne fans y auoir rien de fuperflu, la conuerfation honnête durant le repas, & en quoy que ce
fuft je n'ay point trouué de diftinction entre leurs maifons & celle d'vn Bourgeois la mieux reglée.

VIII

Leur foin à ne receuoir entre eux que des gens qui viuent bien.

S'IL fe trouue dans la Troupe quelques perfonnes
qui ne viuent pas auec toute la regularité qu'on
peut fouhaiter, ce defaut ne rejaillit pas fur tout le
Corps, & c'eft vn defaut commun à tous les Eftats & à
toutes les familles. Ces perfonnes là n'y font foûfertes
que par l'excellence d'vn merite fingulier dans la Profeffion; ce qui, en pareil cas, force bien d'autres
Communautez à la neceffité de foûfrir ce qu'elles ne
peuuent empefcher, fans détruire leurs auantages. Auffi
puis-ie dire que quand il s'agit de receuoir dans la
Troupe vn Acteur nouueau, ou vne nouuelle Actrice,
on n'examine pas feulement fi la perfonne eft pouruëüe
des qualitez neceffaires pour le Theâtre, d'vn grand naturel, d'vne excellente memoire, de beaucoup d'efprit
& d'intelligence, d'vne humeur commede pour bien
viure auec fes camarades, & de zele pour le bien public, qui le detache de tout intereft particulier : mais

on fouhaitte auffi que les bonnes mœurs ácompagnent ces
bonnes qualitez, & qu'il ne s'introduife dans la Troupe
ny homme ny Femme qui donne fcandale, ce qui fe void
rarement, car tous les bruits qui courent fur ces matieres de tous les endroits du monde font le plus fouuent
tres-faux. Il eft donc vray que les familles des Comediens font ordinairement tres bien reglées, qu'on y vit
honneftement; & c'eft fur ce pied là que les gens
raifonnables en font eftat, qu'ils les traittent auec
ciuilité & les ápuyent dans les occafions de tout leur
credit.

IX

Témoignage áuantageux que leur rend vn des premiers
Magiftrats de France.

I'AUROIS tort de paffer icy foûs filence le glorieux
témoignage qu'vn des premiers Magiftrats de France
rendit, il y a quelques années, aux Comediens de Paris;
Que l'on n'auoit iamais veu aucun de leur Corps
donner lieu aux rigueurs de la juftice; ce qu'en tout
autre Corps, quelque confiderable qu'il puiffe eftre, on
auroit de la peine à rencontrer. Auffi n'a-t-on pas
dedaigné de tirer d'entre eux des gens pour remplir de
hautes charges de iuftice, & méme pour feruir l'Eglife
& monter jufqu'à l'Autel dans les Societez & feculieres
& Religieufes, de quoy il fe peut produire des exemples
out recens.

X

Leurs prerogatiues.

MAIS vne des plus fortes raiſons qui doit porter toute la France à vouloir du bien aux Comediens, eſt le plaiſir qu'ils donnent au Roy pour le delaſſer quelques heures de ſes grandes & heroïques occupations. Qui aime ſon Roy aime ſes plaiſirs; & qui aime ſes plaiſirs aime ceux qui les luy donnent, & qui ne ſont pas des moins neceſſaires à l'Eſtat. Auſſi void on le Roy ápuyer les Comediens de ſon autorité, & leur donner des Gardes, quand ils en demandent. Il leur eſt permis d'entrer au petit coucher, & Moliere ayant eſté valet de chambre du Roy, ayant fait le lit du Roy, cet exemple & les autres que i'ay produits nous perſuadent aſſez que les Comediens peuuent eſtre admis aux charges à la Cour, à la Ville & dans l'Egliſe, ſans que la Profeſſion qu'eux ou leurs peres ont ſuiuie, & qu'ils quittent alors, leur ſerue d'obſtacle. Enfin, comme dans toutes ſortes de profeſſions il y a des gens qui viuent bien, & à qui il peut venir de ſaintes penſées, il eſt ſorti vn Martyr d'entre les Comediens, & vn ſaint Geneſt, dont l'Egliſe celebre la feſte le 31. d'Aouſt, a fini ſes iours par vne tres glorieuſe Tragedie. Toutes ces raiſons ſuffiroient pour aquerir aux Comediens l'aprobation generale : mais i'en ay encore d'autres, & elles ne feront peut eftre pas rejettées par nos feueres Cenfeurs.

XI

Auantages qu'en reçoiuent les ieunes gens & les Orateurs facrez.

IL n'y a point de Pere de Famille, quelque feuere qu'il puiffe eftre à fes enfans, qui n'auoüe auec moy que, fans les Comediens, mille ieunes gens qui les vont voir & paffent innocemment, tantoft à vn Hoftel & tantoft à l'autre, deux ou trois heures d'vne aprefdînée, jroient perdre ce tems là en des lieux de debauche, où leur ieuneffe les emporteroit faute d'ocupation, & y laiffer beaucoup plus d'argent qu'à la Comedie, où ils peuuent à la fois s'inftruire & fe diuertir. Et c'eft, comme i'ay dit, cette confideration qui a porté principalement les anciennes Republiques les mieux policées à autorifer la Comedie.

Pourquoy me tairois-ie de l'auantage que les Orateurs Sacrez tirent des Comediens, aupres de qui, & en public, & en particulier, ils fe vont former à vn beau ton de voix & à vn beau gefte, aides neceffaires au Predicateur pour toucher les cœurs, dont la dureté veut eftre amollie par la chaleur du difcours & la grace auec laquelle il eft prononcé?

Si les Comediens viuent honneftement dans leurs familles, ils viuent fort ciuilement entre eux, ils fe visitent & font enfemble de petites rejoüiffances; mais auec moderation, & peu fouuent, de peur que trop de frequentation n'attire le mépris ou la debauche.

XII

Leurs belles Coutûmes.

Entre les traits de leur Politique, celuy-cy merite d'eftre remarqué. Ils ne veulent point foufrir de pauures dans leur Eftat, & ils empefchent qu'aucun de leur Corps ne tombe dans l'indigence. Quand l'âge ou quelque indifpofition oblige vn Comedien de fe retirer, la perfonne qui entre en fa place eft tenüe de luy payer, fa vie durant, vne penfion honnefte, de forte que dès qu'vn homme de merite met le pied fur le Theâtre à Paris, il peut faire fond fur vne bonne rente de trois ou quatre mille liures tandis qu'il trauaille, & d'vne fomme fuffifante pour viure quand il veut quitter. Coûtume tres loüable, qui n'auoit lieu cy deuant que dans la Troupe Royale, & que celle que le Roy a établie depuis peu veut prendre pour vne forte bafe de fon affermiffement. Ainfi dans les Troupes de Paris les places font comme erigées en charges, qui ne fçauroient manquer; & à l'Hoftel de Bourgogne, quand vn Aĉteur ou vne Aĉtrice vient à mourir, la Troupe fait vn pre-fent de cent piftoles à fon plus proche heritier, & luy

donne dans la perte qu'il a faite vne confolation plus
forte que les meilleurs complimens. Il eſt glorieux aux
Comediens du Roy d'en vſer ainſi, & que ceux qui ont
blanchi entre eux dans le ſeruice, ayent de quoy s'entretenir honorablement juſqu'à la fin de leurs iours.

XIII

Difference entre les Troupes de Paris
& celles de la Campagne.

C'EST à ce grand auantage qu'aſpirent les Comediens de Prouince, & les Troupes de Paris ſont
leurs Colonnes d'Hercule, où ils bornent leurs courſes
& leur fortune. Cette belle condition ne ſe peut trouuer
entre eux, parce que leurs Troupes, pour la plus part,
changent ſouuent, & preſque tous les Careſmes. Elles
ont ſi peu de fermeté que, dès qu'il s'en eſt fait vne,
elle parle en méme temps de ſe deſunir, & ſoit dans
cette inconſtance, ſoit dans le peu de moyen qu'elles
ont d'auoir de beaux Theâtres & des lieux commodes
pour les dreſſer, ſoit enfin dans le peu d'experience de
pluſieurs perſonnes qui n'ont pas tous les talens neceſſaires, il eſt aiſé de voir la difference qui ſe trouue
entre les Troupes fixes de Paris, & les Troupes ambulantes des Prouinces.

Voilà de quelle maniere les Comediens se conduisent dans leurs familles & entre eux mémes : voyons maintenant comme ils conduisent ensemble leur petit Estat, quelle est la forme de leur gouuernement, & s'ils vsent au dedans & au dehors d'vne sage Politique.

XIV

Forme du Gouuernement des Comediens.

Il n'y a point de gens qui aiment plus la Monarchie dans le monde que les Comediens, qui y trouuent mieux leur conte, & qui témoignent plus de passion pour sa gloire : mais ils ne la peuuent soûfrir entre eux, ils ne veulent point de maître particulier, & l'ombre seule leur en feroit peur. Leur Gouuernement n'est pas toutefois purement Democratique, & l'Aristocratie y a quelque part. Ce gouuernement, comme celuy de toutes les autres Societez, est vne maniere de Republique fondée sur des loix d'autant plus iustes, qu'elles ont pour but le bien public, de diuertir & d'instruire, ce que i'ay fait voir au premier Liure, & ce qui se verra encore mieux en celuy-cy. L'authorité de l'Estat est partagée entre les deux sexes, les femmes luy estant vtiles autant ou plus que les hommes, & elles ont voix deliberatiue en toutes les affaires qui regardent l'interest commun. Mais il se rencontre comme ailleurs aux vns

& aux autres de l'inegalité dans le merite, ce qui en
caufe de méme dans les employs & dans les profits. Car
enfin il n'eft pas iufte que ceux qui rendent peu de
feruice à l'Eftat ayent les mémes áuantages que ceux
qui en rendent beaucoup, & c'eft de là que procede
entre eux la diftinction des parts, des demy-parts, des
quarts & trois quarts de part; en quoy ils obferuent
bien fouuent vne proportion de bien-feance plûtoft
qu'vne proportion de merite. Quelquesfois la demy-
part, & méme la part entiere eft ácordée à la femme
en confideration du mary, & quelquefois au mary en
confideration de la femme; & autant qu'il eft poffible,
vn habile Comedien qui fe marie prend vne femme qui
puiffe comme luy meriter fa part. Elle en eft plus
honorée, elle a fa voix dans toutes les deliberations,
& parle haut, s'il eft neceffaire, & (ce qui eft le principal) le menage en a plus d'vnion & de profit. Il en eft
de méme d'vne bonne Comedienne, à qui il eft áuantageux d'auoir vn mary capable, & qui ayt aquis de la
reputation : mais cela ne fe rencontre que rarement,
& dans ce petit Eftat les mariages vont comme ailleurs,
felon que le Deftin les conduit. Ces diftinctions & de
merite & d'employs, & de profits n'empefchent pas
qu'ils ne s'entretiennent dans la concorde, & s'il naift
quelquefois entre eux des jaloufies, l'intereft public ne
veut pas qu'elles éclatent, ils ont la difcretion de les
cacher, & les defintereffez prennent foin d'ácommoder
les petits differens de quelques particuliers, qui ne
pourroient croître fans que le Corps en foufrift.

Mais il faut venir au detail des chofes, & donner

quelque ordre à mon difcours. Ie parleray donc premierement des raifons qu'ont les Comediens d'aimer paffionnement la Monarchie dans le Monde, & de la haïr mortellement dans leur Corps. Apres ie feray voir comme ce Corps eft vne maniere de Republique, & de la plus belle efpece; quelle eft la fin de fon gouuernement, & les áuantages qu'on en peut tirer. En dernier lieu j'expoferay les principales maximes des Comediens, & les traits les plus delicats de leur Politique, foit à l'egard d'eux mémes, foit à l'egard de la Cour & de la Ville, & nous auons des–ja veu comme ils fe conduifent dans les affaires qu'ils ont auec les Autheurs.

XV

Raifons qu'ils ont d'aimer l'Eſtat monarchique dans le Monde.

I 'AY eu raifon de dire qu'il n'y a point de gens qui aiment plus la Monarchie dans le Monde que les Comediens. Premierement ils font ácoùtumez à reprefenter des Roys & des Princes, à demefler des intrigues de Cour, & vn Eftat Republiquain n'en peut fournir de galantes. L'Amour entre Bourgeois & Marchands a peu de delicateffe, il ne produit point de ces grans euenemens qui embelliffent la fcene, & ces gens là ne font pas des fújets affez releuez pour en fournir vn de

Comedie. D'ailleurs les Comediens tirent de chez les
Roys des douceurs qu'ils ne trouueroient pas chez des
Bourguemeſtres, qui ne leur pourroient donner ces
riches & pompeux ornemens faits pour des Entrées, des
Carrouſels, & d'autres actions ſolennelles, de quoy les
Princes leur ſont liberaux. Depuis la mort du dernier
Prince d'Orange, qui entretenoit vne Troupe de Come-
diens François, elle n'eut pas grande ſatisfaction en
cette partie des Pays-Bas où il commandoit, & elle
trouua mieux ſon conte à Bruxelles aupres de la Cour.

XVI

Grande difference des Royaumes & des Republiques pour les plaiſirs de la vie.

Mais il n'y a point de Royaume au Monde, où les
Comediens ſoient mieux affermis qu'en France,
& ils y trouuent des áuantages que nul autre Eſtat,
pour puiſſant qu'il ſoit, ne ſçauroit fournir. Tandis que
la France eſt en guerre au dehors auec l'Etranger, la
paix & la joye regnent toûjours au dedans, la Comedie
va ſon méme train, le Parterre, l'Amphitheâtre, les
Loges, tout eſt plein de monde, & les Acteurs ont ſouuent de la peine à ſe ranger ſur le Theâtre, tant les
aîles ſont remplies de gens de qualité qui n'en peuuent
faire qu'vn riche ornement. Mais dés qu'vne Republique

eſt en armes, quelque bonne opinion qu'elle ayt de ſes
forces, tous les diuertiſſemens y ceſſent d'abord, les
Theâtres ſont fermez, & les peuples dans vne áprehen-
ſion continuelle que l'Ennemy ne vienne joüer chez
eux de ſanglantes Tragedies. Sans parler de la guerre,
il ne ſe void jamais de Comediens dans l'vne des trois
grandes Republiques de l'Europe; & dans tout l'Empire,
qui eſt vn Gouuernement meſlé du Monarchique & de
l'Ariſtocratique, & qui tient plus du dernier, il ne ſe
trouue que deux ou trois Troupes de Comediens du
Pays, qui ſont fort peu occupées. Les ſeuls Ducs de
Brunſuic, qui ſont ſplendides en toutes choſes, qui ont
de l'eſprit infiniment, & qui ſçauent gouſter tous les
honneſtes plaiſirs, entretiennent depuis pluſieurs années
vne bonne Troupe de Comediens François, comme fait
depuis peu l'Electeur de Bauiere, dont la Cour eſt
magnifique. Mais en diuers voyages que i'ay faits dans
toutes les Cours de l'Empire, ie n'ay veu des Comediens nulle part qu'à Vienne, à Prague, à Munich & en
Lunebourg. Ajoûtons que naturellement les Comediens
aiment le plaiſir, eſtant juſte qu'ils en prennent, puiſqu'ils
en donnent aux autres, & que dans les Republiques
les plaiſirs ſont fades, & qu'il n'y en a pas de toutes les
ſortes comme dans les Monarchies, où les honneſtes
libertez ſont plus étendües, & où l'on n'exige pas des
peuples vne ſi grande regularité.

Enfin dans vn Royaume les Comediens ont à qui
faire agreablement la Cour; le Roy, la Reine, les
Princes, les Princeſſes, & les Grands Seigneurs; & c'eſt
dans ces ſoins & les reſpects qu'ils leur rendent qu'ils

áprennent à fe former aux belles mœurs, & à l'habitude des grandes actions qu'ils doiuent reprefenter fur le Theâtre. Mais dans vne Republique, où le premier des Magiftrats ne fait pas plus de bruit qu'vn fimple Bourgeois, ils n'ont perfonne à voir; & il me fouuient qu'en tout Amfterdam, l'vne des plus grandes & plus riches Villes de l'Vniuers, les Comediens François n'auoient qu'vne feule Dame de qualité & d'efprit qui les ápuyoit de fon credit; ils la voyoient quelquefois, & quoy qu'elle fuft femme d'vn des plus confiderables & plus riches Bourguemeftres, fa maifon ny fon train ne faifoient pas plus de bruit qu'il s'en fait chez vn Marchand.

XVII

Les Comediens aiment entre eux le Gouuernement Republiquain.

MAIS fi le fejour des Republiques n'eft pas le fait des Comediens, le Gouuernement Republiquain leur plaift fort entre eux; ils n'admettent point de Superieur, le nom feul les bleffe; ils veulent tous eftre égaux, & fe nomment camarades. Il eft vray que leur Gouuernement eft de la plus belle efpece, qu'il s'en faut peu qu'il ne foit entierement Ariftocratique, & que ceux d'entre eux qui ont le plus de merite ont auffi dans l'Eftat le plus de credit. Les autres fuiuent aifement, & s'abandonnent à leur conduite. Il arriue quelquefois qu'entre les Principaux il fe forme deux partis, & chacun des autres fuit alors celuy où fon intereft le porte. Mais ce qui arriue entre les Comediens, arriue dans tous les Eftats les mieux policez, & méme dans les Societez les plus parfaites, qui femblent auoir rompu tout commerce auec le Monde; & fi leur petit Eftat ne peut eftre exemt de factions, l'intereft public l'emporte toûjours, & de ce côté là ils viuent dans vne parfaite intelligence.

XVIII

Leurs Troupes font chacune vn Corps à part.

Toutes les Troupes de Comediens, tant les Sedentaires qui ne quitent point Paris, que les Ambulantes qui vifitent les Prouinces, & que l'on ápelle Troupes de Campagne, ne font pas un méme Corps de Republique. Chaque Troupe fait bande à part, elles ont leurs interefts feparez, & n'ont pû venir encore à vne étroite alliance. Quoy que leurs mœurs & coûtumes foient pareilles, & qu'elles obferuent les mémes loix, elles n'ont point d'Amphictions ny de Confeil General, comme les fept Villes de la Grece; en vn mot, ce ne font pas des Eftats Confederez, ny qui fe veuillent beaucoup de bien l'vn à l'autre. I'ay promis de ne pas flater, & de dire les chofes comme elles font. Mais ie

trouue qu'il en va de même entre tous les Eſtats de la
Terre, entre toutes les Villes, entre toutes les Familles,
& il n'y a rien en cela d'extraordinaire entre les
Comediens.

XIX

Leur Emulation vtile au Public.

CETTE emulation, que ie feray voir ailleurs tres
neceſſaire & vtile au bien commun, ne va preſentement à Paris que d'vn bord de la Seine à l'autre ; mais
entre les Comediens de Campagne, elle s'étend bien
plus loin : elle court auec eux toutes les Prouinces du
Royaume, & c'eſt vn malheur pour eux, quand deux
Troupes ſe rencontrent enſemble en même lieu, dans
le deſſein d'y faire ſejour. I'en ay veu plus d'vne fois
des Exemples, & depuis peu à Lyon, lors qu'en Nouembre
dernier les Daufins, qui ſçauent conſeruer l'eſtime generale qu'ils ont aquiſe, & ſont toûjours fort ſuiuis, ne
cederent le terrein que bien tard à vne autre Troupe
qui languiſſoit là depuis plus de trois ſemaines.

XX

Rencontres fâcheuses de deux Troupes de Prouince en méme Ville.

D ANS ces rencontres, chacune des deux 'Troupes fait fa cabale, fur tout quand elles s'opiniâtrent à reprefenter, comme l'on fait à Parïs, les mémes jours & aux mémes heures; c'eft à qui aura plus de partizans, & il s'eft veu fouuent pour ce fujet des Villes diuifées, comme la Cour le fut autrefois pour *Vranie* & pour *Iob.* Mais j'ay veu auffi des Troupes s'acorder en ces ocafions, fe mefler enfemble, & ne faire qu'vn Theâtre; & il me fouuient qu'en 1638, cela fut pratiqué à Saumur, par deux Troupes, que l'on nommoit alors de *Floridor* & de *Filandre,* parce que ces deux Comediens annonçoient, & qu'ils eftoient les meilleurs Acteurs. Elles trouuerent plus d'auantage en cet accommodement, & en furent loüées de tous les honneftes gens, qui furent edifiez de leur bonne intelligence.

XXI

Grand foin des Comediens à faire leur Cour au Roy
& aux Princes.

L E foin principal des Comediens eft de bien faire
leur Cour chez le Roy, de qui ils dependent, non
feulement comme fujets, mais auffi comme eftant particulierement à Sa Majefté, qui les entretient à fon
feruice, & leur paye regulierement leurs penfions.

XXII

Leurs priuileges au Louure, & autres maifons Royales,
où ils font mandez.

I LS font tenus d'aller au Louure quand le Roy les
mande, & on leur fournit de carroffes autant qu'il
en eft befoin. Mais quand ils marchent à Saint Germain,
à Cambor, à Verfaille, ou en d'autres lieux, outre leur
penfion qui court toûjours, outre les carroffes, chariots
& cheuaux qui leur font fournis de l'Ecurie, ils ont de
gratification en commun mille écus par mois, chacun
deux efcus par iour pour leur depence, leurs gens à

proportion, & leurs logemens par Fourriers. En repre-
fentant la Comedie, il eſt ordonné de chez le Roy à
chacun des Acteurs & des Actrices, à Paris ou ailleurs,
Eſté & Hyuer, trois pieces de bois, vne bouteille de
vin, vn pain, & deux bougies blanches pour le Louure;
& à Saint Germain vn flambeau peſant deux liures; ce
qui leur eſt áporté ponctuellement par les Officiers de
la Fruiterie, ſur les Regiſtres de laquelle eſt couchée
vne collation de vingt-cinq eſcus tous les jours que les
Comediens repreſentént chez le Roy, eſtant alors Com-
menſaux. Il faut ájoûter à ces áuantages qu'il n'y a
guere de gens de qualité qui ne ſoient bien aiſes de
regaler les Comediens qui leur ont donné quelque lieu
d'eſtime; ils tirent du plaiſir de leur conuerſation,
& ſçauent qu'en cela ils plairont au Roy, qui ſouhaite
que l'on les traitte fauorablement. Auſſi void on les
Comediens s'aprocher le plus qu'ils peuuent des Princes & des Grands Seigneurs, ſur tout de ceux qui les
entretiennent dans l'eſprit du Roy, & qui, dans les óca-
ſions, ſçauent les ápuyer de leur credit.

XXIII

Leur ciuilité enuers tout le Monde.

GÉNÉRALEMENT ils vſent de grande ciuilité enuers
tout le Monde, & particulierement enuers les
Autheurs fameux, dont ils ont beſoin. Pour ceux des

baſſes claſſes, & dont les ouurages font peu de bruit, ils les ſoûſent amiablement, & ne prennent point de leur argent à la porte; & il y a d'autres gens à qui ils font la même ciuilité.

XXIV

Declaration du Roy en leur faueur.

SUR l'abus qui fut repreſenté au Roy, lors que mille gens vouloient faire coûtume d'entrer ſans payer, ce qui cauſoit ſouuent à la porte & au parterre d'etranges deſordres, qui degoûtoient le Bourgeois de la Comedie, Sa Majeſté fit deſences expreſſes à toutes perſonnes, de quelque qualité qu'elles puſſent eſtre, de ſe preſenter à la porte ſans argent, & permit aux Comediens de prendre des Gardes pour s'ópoſer aux violences qu'on leur voudroit faire. Ie produiray à la fin du Liure la Declaration du Roy, du 9. Ianuier 1673. en faueur de la Troupe Royale, qui luy auoit preſenté Requeſte ſur ce ſujet. Auant ce bon ordre, la moitié du parterre eſtoit ſouuent remplie de gens incommodes, il en entroit aux loges, on voyoit beaucoup de monde & fort peu d'argent. En toutes Profeſſions, l'eſpoir de la recompenſe eſt vn grand motif pour porter les gens à bien faire leur deuoir, & quand l'Acteur void ſon Hoſtel bien rempli, dans la joye qu'il a d'eſtre honoré d'vn grand nombre d'Auditeurs, il échaufe fon recit, il entre mieux dans les paffions qu'il reprefente, & donne plus de plaifir à ceux qui l'ecoutent.

XXV

Leur conduite dans leurs affaires.

IE viens à l'œconomie generale & à l'ordre que les Comediens obferuent dans leurs affaires. Ils s'affemblent fouuent pour diuerfes occafions, ou dans leur Hoftel, ou quelquefois au logis d'vn particulier de la Troupe. Tantoft c'eft pour la lecture des ouurages que les Autheurs leur áportent, tantoft pour leur difpofition & pour en diftribuer les rôles, ou pour les repetitions. I'ay parlé, au Liure precedent, de ces trois articles.

XXVI

Diuers fujets d'affemblée.

MAIS ce ne font pas les feuls fujets qui obligent les Comediens de s'affembler; ils s'affemblent encore quand ils iugent à propos de dreffer vn Repertoire, c'eft à dire vne lifte de vieilles pieces, pour entretenir

le Theâtre durant les chaleurs de l'Efté & les prome-
nades de l'Autonne, & n'eftre pas obligez, tous les foirs
qu'on reprefente, de deliberer à la hafte & en tumulte
de la piece qu'on doit annoncer. De plus, ils s'affemblent tous les mois pour les comptes generaux, qui
font rendus par le Treforier, qui garde le coffre de la
Communauté, le Secretaire qui tient les regiftres,
& le Contrôleur. Ils s'affemblent encore quand il faut
ordonner d'vne piece de machine, & auancer des deniers pour quelque ócafion que ce foit; quand il faut
ácroître la Troupe de quelque Acteur ou de quelque
Actrice; quand il faut faire des reparations, ou pour
quelques autres caufes extraordinaires.

XXVII

Vifites en villes & au voifinage.

LES Comediens font quelquefois ápelez en vifite,
ou à la ville, ou à la campagne, quand vn Prince
ou vne perfonne de qualité veut donner chez foy le
diuertiffement de la Comedie. Alors on fournit à la
Troupe de carroffes & de toutes chofes neceffaires;
il y a ordre de la receuoir tres ciuilement, on luy fait
careffe, & elle ne s'en retourne iamais que tres fatisfaite, chacun fe piquant de fe montrer honnefte & Li-
beral aux Comediens, qui, de leur côté, n'épargnent

rien pour donner de la fatisfaction à tout le monde. Ils
ne confultent pas s'il leur en coûte beaucoup, & s'ils
reçoiuent des douceurs de la Cour & de la Ville, s'ils
touchent de l'argent & du Roy & du Public, ils n'en
abufent pas, ils s'en font honneur, & c'eft à qui des
Acteurs & des Actrices aura des habits plus magnifiques.

XXVIII

Grande depence en habits.

CET article de la dépence des Comediens eft plus
confiderable qu'on ne s'imagine. Il y a peu de
pieces nouuelles qui ne leur coûtent de nouueaux
ájuftemens, & le faux or, ny le faux argent, qui rougif-
fent bien toft, n'y eftant point employez, vn feul habit
à la Romaine ira fouuent à cinq cens efcus. Ils aiment
mieux vfer de menage en toute autre chofe pour donner
plus de contentement au Public; & il y a tel Comedien,
dont l'equipage vaut plus de dix mille francs. Il eft
vray que lors qu'ils reprefentent vne piece qui n'eft
vniquement que pour les plaifirs du Roy, les Gentils-
hommes de la Chambre ont ordre de donner à chaque
Acteur pour fes ájuftemens neceffaires vne fomme de
cent efcus ou quatre cens liures, & s'il arriue qu'vn

méme Acteur ayt deux ou trois perſonnages à repreſenter, il touche de l'argent comme pour deux ou pour trois.

Mais ce n'eſt pas le Theâtre ſeul qui porte les Comediens à de grans frais; hors des jours de Comedie, ils
ſont toûjours bien vêtus, & eſtant obligez de parêtre
ſouuent à la Cour, & de voir à toute heure des perſonnes de qualité, il leur eſt neceſſaire de ſuiure les
modes, & de faire de nouuelles dépences dans les habits
ordinaires; ce qui les empeſche de mettre de groſſes
ſommes à intereſt. Auſſi a-t-on veu peu de Comediens
deuenir riches; ils ſe contentent de viure honorablement, & font ceder leurs áuantages particuliers à la
belle paſſion qui les do ne, & à leur vnique but, qui
eſt de contribuer de toutes leurs forces aux plaiſirs du
Roy, & de ſatisfaire toutes les perſonnes qui leur font
l'honneur de les venir voir.

XXIX

Ordre qui s'obſerue dans leurs Hoſtels.

L'ORDRE qui s'obſerue dans leur Hoſtel eſt auſſi
vne choſe à remarquer. Ils ont ſoin de le tenir toûjours propre, & que rien ne choque la veüe ny ſur le
Theâtre, ny aux Loges, ny au Parterre. L'hiuer ils tiennent par tout grand feu, ce qui ne s'obſeruoit pas ancien-
nement; & il ne reſteroit plus qu'à chercher l'inuention

de donner l'Esté quelque rafraîchissement, ce qui n'est pas facile, parce que tout est fermé, & que l'air ne peut entrer.

Derriere le Theâtre, & hommes & femmes ont leurs reduits separez pour s'habiller, & ne trouuent pas mauuais qu'on vienne alors les voir, surtout quand ce sont des gens connus, dont la presence n'embarasse pas. Durant la Comedie ils obseruent vn grand silence pour ne troubler pas l'Acteur qui parle, & se tiennent modestement sur des sieges aux aisles du Theâtre pour entrer juste; en quoy ils se peuuent regler sur vn papier attaché à la toile, qui marque les entrées & les sorties.

La Comedie acheuée & le monde retiré, les Comediens font tous les soirs le conte de la recette du iour, où chacun peut assister, mais où d'office doiuent se trouuer le Tresorier, le Secretaire & le Contrôleur, l'argent leur estant áporté par le Receueur du Bureau, comme il se verra plus bas. L'argent conté, on leue d'abord les frais iournaliers; & quelquefois en de certains cas, ou pour áquiter vne dette peu à peu, ou pour faire quelque auance necessaire, on leue en suite la somme qu'on a reglée. Ces articles mis à part, ce qui reste de liquide est partagé sur-le-champ, & chacun emporte ce qui luy conuient. Pour les comptes generaux, ils se font, comme i'ay dit, tous les mois, & les loüages de l'Hostel sont payez regulierement tous les quartiers.

XXX

Le caractere des Comediens.

VOILA en peu de mots tout ce qui fe peut dire du gouuernement des Comediens & de leur conduite. Ie ne les ay point flatez, le portrait que j'en ay fait eſt fidele, & ie n'ay pû le refuſer à la priere de pluſieurs honneſtes gens, qui ont voulu les connêtre à fond pour auoir de quoy les defendre contre de fâcheux Critiques. Il y auroit de l'iniuſtice à les depeindre autrement. En general ils viuent moralement bien, ils font francs & de bon conte auec tout le monde, ciuils, polis, genereux; ils fe deuoüent tout entiers au feruice du Roy & du Public, & en leur fourniſſant les plus honneſtes plaiſirs dont i'ay fait voir & la neceſſité & les áuantages, ils meritent l'áprobation vniuerſelle des honneſtes gens.

Il eſt tems de venir à l'établiſſement des Troupes de Paris, & aux reuolutions de ces deux petits Eſtats, qui en faiſoient trois au commencement de cette année.

XXXI

Eſtabliſſement de la Troupe Royale.

L A *Troupe Royale,* qui a toûjours tenu ferme, a toûjours eu ſes douze mille liures de penſion, & qui eſt paruenue au plus haut point de ſa gloire, a eu, comme toutes les autres Societez, de foibles commencemens. Elle les doit à vne Confrairie à qui ápartient encore aujourd'huy l'Hoſtel de Bourgogne, & ce lieu fut deſtiné pour y repreſenter les plus ſaints myſteres du Chriſtianiſme. C'eſt ce que nous têmoignent quelques pieces de Theâtre qui nous reſtent d'vn Doﬄeur de Sorbonne en caraﬂeres Gothiques; & l'on void encore, ſur le grand portail de cet Hoſtel, vne pierre où ſont en relief les Inſtrumens de la Paſſion. Cet établiſſement des Comediens ſe fit il y a plus d'vn ſiecle ſur la fin du Regne de François I, mais ils ne commencerent à entrer en reputation que ſoûs celuy de Louis XIII, lors que le grand Cardinal de Richelieu, Proteﬂeur des Muſes, témoigna qu'il aimoit la Comedie, & qu'vn Pierre Corneille mit ſes vers pompeux & tendres dans la bouche d'vn Montfleury & d'vn Bellerose, qui eſtoient des Comediens acheuez. *Le Cid,* dont le merite s'attira de ſi nobles ennemis, & *les Horaces,* que le meme *Cid* eut plus à craindre, parce que leur gloire alla plus loin que la ſienne, furent les deux premiers

ouurages de ce grand Homme qui firent grand bruit;
& il a foûtenu le Theâtre jufques à cette heure de la
méme force. La Troupe Royale, prenant cœur aux
grans áplaudiffemens qui accompagnoient la reprefentation de fes admirables pieces, fe fortifioit de jour
en jour; d'autant plus qu'vne autre Troupe du Roy
qui refidoit au Marais, & où vn Mondori, excellent
Comedien, attiroit le Monde, faifoit tous fes efforts
pour áquerir de la reputation; & il arriua que Corneille, quelque temps apres, luy donna de fes ouurages.
Mais lors qu'vne troifiefme Troupe vint fe pofter au
Palais Royal, & qu'elle y eut fait bruit par le merite
extraordinaire d'vn homme qui l'a feul entretenue par
fes ouurages, qui executoit fon rôle d'vne maniere admirable, & qui charmoit egalement la Cour & la Ville
dont il eftoit fort aimé, cela ne pût produire qu'vn
bon effet, & que caufer vne forte emulation aux deux
autres Troupes, qui mirent tout en vfage pour foûtenir leur ancienne reputation.

XXXII

Fortes jaloufies entre les Troupes.

LA juftice & la bienfeance demandoient que ces trois
petits Eftats fuffent amis, & que chaque particulier n'euft d'autre veüe que l'áuantage commun du

Corps où il fe trouuoit vni : mais la gloire mal mena-
gée, l'ambition trop forte & le defir d'áquerir faifoient
que ces trois Troupes fe regardoient toûjours d'vn
œil d'enuie, la profperité de l'vne donnant du chagrin
à l'autre; & méme qu'entre les particuliers l'intelligence n'eftoit pas des plus eftroites.

XXXIII

Petits ftratagemes.

IE dois loüer les Comediens en ce qu'ils ont de
loüable, mais ie ne dois pas les flater en ce qu'ils
ont de defectueux. Ils tafchent quelquefois de fe nuire
l'vn l'autre par de petits ftratagemes; mais ils ne
viennent iamais à vn grand éclat. Quand vne Troupe
promet vne piece nouuelle, l'autre fe prepare à luy en
ópofer vne femblable, fi elle la croit à peu pres
d'egale force; autrement il y auroit de l'imprudence à
s'y hazarder. Elle la tient toute prefte pour le jour
qu'elle peut decouurir que l'autre doit reprefenter la
fienne, & a de fideles efpions pour fçauoir tout ce qui
fe paffe dans l'Eftat voifin. D'ailleurs chaque Troupe
tafche d'attirer les fameux Autheurs à fon parti, & de
denuer de ce neceffaire ápuy le party contraire. Les
Comediens ont encore quelques autres maximes de
cette nature, que ie blamerois d'auantage, fi ces petites
jaloufies ne leur eftoient communes auec toutes les

Societez. Mais, comme ie l'ay dit, ces differens interefts caufent des emulations áuantageufes à ceux qui frequentent le Theâtre, & vne Troupe venant à s'affoiblir par quelque rupture, l'autre en profite & s'en fortifie, & l'Auditeur de cofté ou d'autre y trouue fon conte & eft toûjours fatisfait.

Nous auons veu depuis peu d'années, dans la Troupe Royale, deux Illuftres Comediens, Montfleury & Floridor, de qui i'ay parlé plus haut, la gloire du Theâtre, & les grans modeles de tous ceux qui s'y veulent deuoüer. Ie les ay connus particulierement l'vn & l'autre; ils ont laiffé chacun vne famille tres fpirituelle & bien eleuée; & comme ils auoient l'air noble & toutes les inclinations tres belles, comme ils eftoient polis, genereux & d'agreable entretien, toute la Cour en faifoit grand cas. Floridor eftoit particulierement connu du Roy, qui le voyoit de bon œil, & daignoit le fauorifer en toutes rencontres.

XXXIV

Acteurs & Actrices qui compofent prefentement la Troupe Royale.

NOMS DES ACTEURS ET ACTRICES QUI COMPOSENT PRESENTEMENT LA TROUPE ROYALE, PAR ORDRE D'ANCIENNETÉ.

Les Sievrs de Haute Roche; de la Fleur; Poiffon;

de Brecourt; de Champmeflé; de la Tuilerie; de la
Torilierc; Le Baron; de Beauual.

Les D^lles de Beauchâteau; Poiffon; Dennebaut;
de Brecourt; de Champmeflé; de Beauual; de la Tuilerie.

Retirez de la méme Troupe, & qui touchent penfion :

Le Sieur de Villiers.

Les D^lles de Bellerofe; de Montfleuri; de Floridor.

CATALOGVE

DES COMEDIENS AUTHEURS DE LA MÉME TROUPE,

ET DE LEURS OUURAGES.

HAVTEROCHE :

L'Amant qui ne flate point. — *Le Soupé mal apreflé*
— *Crifpin Medecin.* — *Le Deuil.* — *Les Apparences
trompeufes, ou les Maris Infideles.*

POISSON :

Le Sot Vangé. — *Le Baron de la Craffe.* — *Le Fou
raifonnable.* — *L'Apreffoupée des Auberges.* — *Le
Poëte Bafque.* — *Les Mofcouites.* — *La Hollande
Malade.* — *Les Femmes Coquetes.* — *L'Academie
Burlefque.*

BRECOVRT :

La Feinte mort de Iodelet. — *Le Ialoux Inuifible.*
— *La Noce de Village.*

CHAMPMESLÉ :

Les Grifetes. — *L'Heure du Berger.* . . . . .

LA TORILIERE :

Cleopatre, ou la mort de Marc-Antoine.

DE VILLIERS retiré :

Le Feſtin de Pierre. — *Les Trois Viſages.* — *Les Ramonneurs.* — *L'Apotiquaire deualiʒé.*

DE MONTFLEVRY mort :

Aſdrubal.

La pluſpart de ces Autheurs ont fait d'autres ou-urages, qui ont eſté bien receus; comme Hauteroche pluſieurs *Nouuelles & Hiſtorietes;* Brecourt, *Loüange au Roy ſur l'Edit des Duels,* &c.

XXXV

Nouuelle Troupe du Roy.

L A *Troupe du Roy,* établie en ſon Hoſtel de la rüe Mazarine, dite autrement des foſſez de Neſle, eſt à preſent ſi bien aſſortie, ſi forte en nombre d'Acteurs & d'Actrices dont le merite eſt connu, & ſi bien ápuyée de l'affection des plus celebres Autheurs, qu'on ne peut attendre de fon établiffement qu'vn magnifique fuccez. De plus, elle eft en poffeffion d'vn tres beau lieu, & d'vn Theâtre large & profond pour les plus grandes machines. Cette belle Troupe, qui s'eft heureufement raffemblée du fameux debris de deux autres qui auoient regné quelque temps auec reputation, commença de fe montrer au Public vn Dimanche, 9. Iuillet de l'année derniere 1673. & la grande affemblée qui fe trouua ce jour là à fon Hoftel, & qui s'y eft veüe les iours fui-vans, ne peut que luy eftre vn bon augure, & lui pro-mettre vne longue felicité. Pour bien inftruire le Lecteur de fon établiffement, il faut de neceffité donner icy le tableau des deux Corps qui y ont contribué, & fçauoir quelle a efté la face de la Troupe du Ma-rais, & celle de la Troupe du Palais Royal durant les années de leur Regne.

XXXVI

Hiftoire de la Troupe du Marais.

LA Troupe des Comediens du Roy, établie au Marais en 1620. s'y eft maintenüe plus de cinquante ans, & a toûjours efté pouruecüe de bons Acteurs & d'ex-cellentes Actrices, à qui les plus celebres Autheurs ont confié la gloire de leurs ouurages, & dont les deux autres Troupes ont fceu profiter en diuers temps. Cette Troupe n'auoit qu'vn defauantage, qui eftoit celuy du pofte qu'elle auoit choifi à vne extremité de Paris, & dans vn endroit de rüe fort incommode. Mais fon merite particulier, la faueur des Autheurs qui l'ápuyoient, & fes grandes pieces de machines furmontoient aifement le degouft qne l'eloignement du lieu pouuoit donner au Bourgeois, fur tout en hyuer, & auant le bel ordre qu'on a áporté pour tenir les rües bien éclairées iufques à minuit, & nettes par tout & de boüe & de filous. Cette Troupe alloit quelquefois paffer l'Efté à Roüen, eftant bien aife de donner cette fatisfaction à vne des premieres Villes du Royaume. De retour à Paris de cette petite courfe dans le voifinage, à la premiere affiche le Monde y couroit, & elle fe voyoit vifitée comme de coûtume.

XXXVII

Ses reuolutions & fa cheute.

IL eft arriué de temps en temps de petites reuolutions dans cette Troupe, comme dans celle du Palais Royal; & toûjours caufées par quelques mécontentemens des particuliers, ou par quelques interefts nouueaux, chacun en ce Monde allant à fon but, & fe mettant peu en peine du bien du prochain.

D'ailleurs nous aimons tout naturellement le changement, & la diuerſité plaiſt, quoy que nous ne trou-
uions pas en tous lieux mémes áuantages. Il y a eu de
bons Comediens qui ont quitté le Marais, où ils eſtoient
eſtimez, ſans nulle neceſſité, & de gayeté de cœur, le
poſte de Paris leur plaiſant moins alors que la liberté
de la campagne. L'homme n'eſt content que par fan-
taiſie, & c'eſt l'eſtre aſſez que s'imaginer de l'eſtre.
Mais la plus grande reuolution de la Troupe du Marais a eſté l'abandonnement du lieu, & ſa jonction auec
la Troupe du Palais-Royal. Auant que de toucher ce
grand changement, il faut donner auſſi l'hiſtoire de
cette troiſiéme Troupe, dont le regne a eſté court, mais
qui a eſté fort glorieux.

XXXVIII

Regne de la Troupe du Palais Royal.

LA Troupe du Palais Royal fut établie ſur la fin de
l'année 1659. apres que les principales perſonnes
qui la compoſoient eurent fait connêtre leur merite
quelques années auparauant, à Paris ſur les foſſez de
Neſle & au quartier de Saint Paul, à Lyon & en Languedoc, où cette Troupe, entretenüe alors de Monſieur
le Prince de Conty, qui aimoit paſſionnement la Comedie, & prenoit plaiſir à en fournir des ſújets, áquit auec
ſa faueur l'eſtime & la bienveillance des Eſtats de la

Prouince. Moliere, du Parc, de Brie, & les deux freres
Bejar auec les D^lles Bejar, de Brie & du Parc,
compofoient alors la Troupe, qui paffoit auec raifon
pour la premiere & la plus forte de la campagne. Le
merite extraordinaire de Iean Baptifte Moliere, qui
l'a foûtenue à Paris quatorze ans de fuite auec tant de
gloire, luy donna vne entiere facilité à s'y établir. Du
Croify, qui auoit paru auec reputation dans les Prouinces à la tefte d'vne Troupe, & La Grange, dont le
merite eft connu, fe joignirent alors à celle que Moliere conduifoit, & qui ne put que fe bien trouuer de
ce renfort. Elle eut d'abord la faueur du Roy, de
Monfieur fon Frere Vnique, & des plus Grands de la
Cour; & apres auoir occupé quelque temps la Salle
du petit Bourbon, où elle s'acommoda auec les Italiens,
qui en eftoient les premiers en poffeffion, le Theâtre du
Palais Royal luy fut ouuert, & le luy feroit encore, fi
Moliere, qui le foutenoit, eût d'auantage vêcu.

XXXIX

Eloge de Moliere.

LE Palais Royal commença donc de faire grand
bruit, & d'attirer le beau monde, quand Moliere
en fuite de fon *Etourdi,* de fes *Pretieufes Ridicules,*
& de fon *Cocu Imaginaire,* donna fon *Ecole des Ma-*

ris. Il fceut fi bien prendre le gouft du fiecle & s'acom-
moder de forte à la Cour & à la Ville, qu'il eut
l'áprobation vniuerfelle de cofté & d'autre, & les
merueilleux ouurages qu'il a faits depuis en profe
& en vers ont porté fa gloire au plus haut degré,
& l'ont fait regretter generalement de tout le monde.
La Pofterité luy fera redeuable auec nous du fecret
qu'il a trouué de la belle Comedie, dans laquelle chacun tombe d'acord qu'il a excellé fur tous les anciens
Comiques, & fur ceux de nôtre temps. Il a fceu l'art
de plaire, qui eft le grand art, & il a chaftié auec tant
d'efprit & le vice & l'ignorance, que bien des gens fe
font corrigez à la reprefentation de fes ouurages pleins
de gayeté; ce qu'ils n'auroient pas fait ailleurs à vne
exhortation rude & ferieufe. Comme habile Medecin,
il deguifoit le remede, & en oftoit l'amertume, & par
vne adreffe particuliere & inimitable, il a porté la
Comedie à vn point de perfection qui l'a rendüe à la
fois diuertiffante & vtile. C'eft aujourd'huy à qui des
deux Troupes s'áquitera le mieux de la reprefentation de fes excellentes pieces, où l'on void courir
prefque autant de monde que fi elles auoient encore
l'auantage de la nouueauté; & je fçais que tous les
Comediens generalement qui reuerent fa memoire,
comme ayant efté & vn tres Illuftre Autheur, & vn Acteur excellent, luy donnent tous les eloges imaginables,
& encheriffent à l'enui fur ce que j'en dis. Car enfin
Moliere ne compofoit pas feulement de beaux ouurages,
il s'áquitoit auffi de fon rôle admirablement, il faifoit
vn compliment de bonne grace, & eftoit à la fois bon

Poëte, bon Comedien, & bon Orateur, le vray Trif-
megiſte du Theâtre. Mais outre les grandes qualitez
neceſſaires au Poëte & à l'Acteur, il poſſedoit celles
qui font l'honneſte homme; il eſtoit genereux & bon
ami, ciuil & honorable en toutes ſes actions, modeſte
à receuoir les eloges qu'on luy donnoit, ſçauant ſans
le vouloir parêtre, & d'vne conuerſation ſi douce & ſi
aiſée, que les premiers de la Cour & de la Ville
eſtoient rauis de l'entretenir. Enfin il auoit tant de
zele pour la ſatisfaction du Public, dont il ſe voyoit
aimé, & pour le bien de la Troupe qui n'étoit ſoute-
nüe que par ſes trauaux, qu'il taſcha toute ſa vie de
leur en donner des marques indubitables. Il mourut
au commencement du Careſme de l'année derniere 1673.
infiniment regretté de la Cour & de la Ville; & la
Troupe s'étant remiſe auec peine de l'étourdiſſement
qu'elle receut d'vn ſi rude coup, remonta quinze jours
apres ſur le Theâtre.

XL

Ionction des deux Troupes du Palais Royal
& du Marais.

IE viens à la rupture des deux Troupes du Palais
Royal & du Marais, qui aujourd'huy n'en font
qu'vne, & à l'hiſtoire de leur jonction, dont les cir-
conſtances font aſſez particulieres. Le Palais Royal

s'attendoit, apres Pafques, de redonner au Public la reprefentation du *Malade Imaginaire,* dernier ouurage de Moliere, accompagné de danfes & de mufique, & que tout Paris fouhaittoit de voir. Mais quatre perfonnes de cette Troupe s'eftant engagées auec l'Hoftel de Bourgogne, & fe trouuant en poffeffion des premiers rôles de beaucoup de pieces, ceux qui reftoient furent hors d'eftat de continuer. Il fe fit de part & d'autre des voyages à la Cour, chacun y eut fes Patrons aupres du Roy; le Marais fe remuoit de fon cofté &, comme Eftat voifin, fongeoit à profiter de cette rupture, le bruit courant alors, que les deux anciennes Troupes trauailloient à abatre entierement la troifiéme, qui vouloit fe releuer.

XLI

Declaration du Roy fur cet etabliffement.

SUR ces entrefaittes le Roy ordonna que les Comediens n'occuperoient plus la Sale du Palais Royal, & qu'il n'y auroit plus que deux Troupes Françoifes dans Paris. Les premiers Gentils-hommes de la Chambre eurent ordre de menager les chofes dans l'equité, & de faire en forte qu'vne partie de la Troupe du Palais Royal s'eftant vnie de fon chef à l'Hoftel de Bourgogne, l'autre fuft jointe au Marais de l'áueu du

Roy. L'affaire fut quelque temps en balance, les interefts des Comediens eftant difficiles à demefler par des
particuliers qui ne peuuent entrer dans ce detail,
& n'ayant pù être terminée auant le depart du Roy,
fa Majefté ordonna à M. Colbert d'auoir egalement
foin de la Troupe du Marais, & du debris de celle du
Palais Royal, en faifant choix, comme il le jugeroit à
propos, des plus habiles de l'vne & de l'autre, pour en
former vne belle Troupe. Ce Grand Miniftre d'Eftat,
chargé du poids des premieres affaires du Royaume, fe
deroba quelques momens pour regler celles des Comediens; il nomma les perfonnes qui deuoient compofer
la nouuelle Troupe, ordonna des parts, des demy-parts,
des quarts & trois quarts de part, fit defence de la
part du Roy aux Comediens du Marais en general de
parêtre jamais fur ce Theâtre, & en tira des particuliers felon qu'il le trouua bon, pour les vnir à ceux du
Palais Royal. La Declaration du Roy pour cet etabliffement fera couchée à la fin du Liure.

Voilà, en peu de mots, comme les chofes fe font
paffées entre ces deux Troupes, qui aujourd'huy n'en
font qu'vne, foùs le nom de *la Troupe du Roy,* ce qui
fe void graué en lettres d'or dans vne pierre de
marbre noir, au deffus de la porte de fon Hoftel. Cette
Troupe eft affeurement belle, forte & acomplie; on
void toûjours chez elle force gens de qualité & de
grandes affemblées, & elle fe difpofe de donner au
Roy des marques de fa reconnoiffance & de luy faire
goufter les fruits de fes foins dans les plaifirs qu'elle
luy prepare.

XLII

Eſtat preſent de la Troupe du Roy.

Noms des Acteurs & Actrices de la Troupe du Roy,
ſelon l'ordre obſerué pour les Autheurs.

ACTEVRS :

Les Sievrs de Brie; du Croiſy; Dauuilliers; Deſtri-
ché; de la Grange; Hubert; du Pin; de la Roque; de
Roſimont; de Verneuil.

ACTRICES :

Les Demoiſelles Aubry; de Brie; du Croiſy; Dauuilliers; de la Grange; Guyot; de Moliere; l'Oyſillon;
du Pin.

Retiré du Palais-Royal, & qui touche penſion,

Bejar.

Comedien Avthevr de la Troupe du Roy :

ROSIMONT.

Le Feſtin de Pierre. — *La Dupe amoureuſe.* —
L'Auocat ſans étude. — *Les Trompeurs trompeʒ, ou les*
Femmes vertueuſes. — *Le Valet Etourdi.*

Retirées de la Troupe du Marais :

Les Demoiſelles de Beaupré, des Vrlis, de la Valée.

Comediens Avthevrs morts :

CHEVALIER :

Le Pedagogue. — *Les Barbons amoureux,* & autres petites Comedies.

DORIMONT :

Le Feſtin de Pierre. — Pluſieurs autres petites Co-medies.

Ie dois ájoûter icy les noms des Aɛteurs & Aɛtrices les plus Illuſtres qui ont paru de nôtre temps ſur les Theâtres de Paris, & qui ne ſont plus.

ACTEVRS :

Baron; Beauchâteau; Beaulieu; Bellemore; Belle-roſe; Belleville; D'Orgemont; L'Epy; Flechelle, ou Gautier Garguille; la Fleur, ou Gros Guillaume; Gau-cher; S. Iaques, ou S. Ardoüin, autrement Guillot Gorgeu; Iulien ou Iodelet; Medor; Moliere; Mon-dory; de Montfleury; le Noir; du Parc, ou Gros René.

ACTRICES :

Baron; Bejar; la Cadete; du Clos; Le Noir; des Oeillets; du Parc; de la Roche; Valiote; de Villiers.

Il y a, tant d'hommes que de femmes qui ont paru

de nôtre âge fur les Theâtres de Paris, jufques à quatre-vingt-douze, n'ayant fait mention que des Illuftres. Mais laiffons là les morts, & reuenons aux Viuans.

XLIII

Grande ambition entre les Comediens.

Ces deux belles Troupes de Comediens qui refident à Paris, & dont le Gouuernement, comme ie l'ay dit d'abord, tient de l'Ariftocratie; ces deux petits Eftats, fi bien policez, mais fi jaloux de leur gloire, l'vn qui regne au Septentrion de ce grand Monde, & l'autre au Midy, feparez par le canal de la Seine, & ápuyez chacun de leurs partizans, me reprefentent ces deux Republiques de la Grece, l'vne Maîtreffe du Peloponnefe, & l'autre de l'Achaïe, qui auoient pour commune barriere vn Ifthme fameux, gouuernées par des loix fi belles, mais pouffées l'vne contre l'autre d'vne extreme jaloufie, & chacune tafchant à l'enuy de fe faire des amis. Les Comediens qui reprefentent à toute heure des Roys, & des Princes, & même qui, hors du Theâtre, font fouuent auec les Princes & bien venus à la Cour, ne meritent pas, pour la gloire de leur Corps, vne comparaifon moins noble que celle là, & les deux Eftats qu'ils compofent aujourd'huy peuuent, dans le fens que je i'ay pris, entrer fort

bien en paralelle auec les Villes de Sparte & d'Athenes.
Mais j'y trouue d'ailleurs vne grande difference; l'emulation de ces deux fameuses Republiques fut ruineuse
à la Grece, & celle de nos deux petits Eſtats eſt,
comme ie l'ay remarqué, auantageuse à Paris; c'eſt à
qui donnera plus de plaiſir au Public, & qui ſoûtiendra
le mieux la reputation qu'il s'eſt aquiſe.

XLIV

Nombre des Spectacles que Paris fournit
dans vne année.

S i ie ne m'eſtois preſcrit des bornes qui ne me per-
mettent pas de ſortir de l'Hiſtoire des Comediens
François, i'aurois pû auſſi parler de l'établiſſement de
la *Troupe Italienne,* & de l'*Academie Royale de Mu-*
ſique, dite autrement l'*Opera,* qui, auec nos Theâtres
François, rendent Paris le premier lieu de la Terre
pour les honneſtes & magnifiques diuertiſſemens. Car
enfin, au commencement de l'année derniere 1673.
auant la jonction des Troupes du Palais Royal & du
Marais, & le depart des Comediens Italiens pour l'Angleterre, d'où ils reuiendront dans peu, Paris donnoit
regulierement toutes les ſemaines ſeize Spectacles publics, dont *les trois Troupes de Comediens François* en
fourniſſoient neuf, *l'Italienne* quatre & *l'Opera* trois,

ce nombre s'augmentant quand il tomboit quelque fefte dans la fémaine, hors du rang des folennelles. Les quinze jours auant Pafques, & huit ou dix autres rabatus, ce nombre montoit au bout de l'année à plus de huit cens Spectacles, & cette quantité peu diminuée, de grands & magnifiques diuertiffemens dans l'enceinte d'vne Ville, furprend merueilleufement les Etrangers, qui croyent voir vn lieu enchanté, & ne peut que leur eftre vne forte preuue de la felicité de la France, qui eft toûjours dans la joye, parce que fon Roy eft toûjours Victorieux. Mais vn feul des Spectacles que le Roy donne à la Cour, & dont il permet auffi la veüe à fes peuples, foit dans la pompe Royale qui les ácompagne, foit dans la richeffe du lieu où ils font reprefentez, efface la beauté de tous les Spectacles de la ville enfemble & des Spectacles des anciens Romains, & fait voir à ces mémes Etrangers ce qu'vn Roy de Fránce peut faire dans fon Royaume, apres auoir veu auec plus d'étonnement ce qu'il peut faire au dehors.

Nous vifmes auffi arriuer à Paris vne Troupe de Comediens Efpagnols, la premiere année du Mariage du Roy. La Troupe Royale luy prefta fon Theâtre, comme elle auoit fait auant aux Italiens, qui occuperent depuis le petit Bourbon auec Moliere, & le fuiuirent apres au Palais Royal. Les Efpagnols ont efté entretenus depuis par la Reyne iufques au Printemps dernier, & j'áprens qu'ils ont repaffé les Pyrenées.

XLV

Troupes de Campagne.

I'AY compris dans le fujet que ie traite les Comediens des Prouinces, &, autant que ie l'ay pû découurir, ils peuuent faire douze ou quinze Troupes, le nombre n'en eftant pas limité. Ils fuiuent à peu pres les mémes reglemens que ceux de Paris, & autant que leur condition d'ambulans le peut permettre. C'eft dans ces Troupes que fe fait l'áprentiffage de la Comedie, c'eft d'où l'on tire au befoin des Acteurs & des Actrices qu'on juge les plus capables pour remplir les Theâtres de Paris; & elles y viennent fouuent paffer le Carefme, pendant lequel on ne va guere à la Comedie dans les Prouinces; tant pour y prendre de bonnes leçons aupres des Maîtres de l'art, que pour de nouueaux Traitez & des changemens à quoy elles font fujetes. Il s'en trouue de fébles & pour le nombre de perfonnes, & pour la capacité : mais il s'en trouue auffi de raifonnables, & qui, eftant goûtées dans les grandes Villes, n'en fortent qu'auec beaucoup de profit.

XLVI

Comediens entretenus par le Duc de Sauoye.

I E ne conte pas entre les Troupes de Campagne les trois qui font entretenues par des Princes Etrangers, par le Duc de Sauoye, par l'Electeur de Bauiere, & par les Ducs de Brunfvvic & Lunebourg. Le Duc de Sauoye en a vne fort belle, & qui a efté fort fuiuie dans nos Prouinces. La Cour de ce Grand Prince eftant tres polie, & pleine de gens d'efprit, la Comedie y eft bien gouftée, & les Comediens, s'ils n'eftoient habiles, n'y plairoient pas. Comme ce n'eft pas icy le lieu de faire l'eloge des Princes & des Princeffes qu'en ce qui regarde leur bon gouft pour la Comedie, & pour ceux qui l'executent, je diray feulement que Son Alteffe Royale a le gouft fin pour toutes les belles pro-ductions, qu'elle en fçait admirablement juger, qu'elle a l'efprit vif & fort ouuert, & l'entretien tres fertile & agreable. Elle careffe les perfonnes qúi ont du fçauoir & de la politeffe, elle leur parle & les ecoute d'vn air obligeant, & comme entre les Etrangers elle aime particulierement les François, elle prend plaifir de s'entretenir fouuent auec vn des plus beaux Genies de France, qu'elle tient depuis long-temps à fon feruice, & qui, outre vn grand fonds de Theologie & d'Hiftoire, poffede toutes les beautez & toute la delicateffe de

nôtre Langue en profe & en vers. Ceux qui connoiffent
Monfieur Pafturel luy rendent ce jufte eloge, & nôtre
Theâtre François, ou, pour mieux dire, le Parnaffe
entier, luy eft auffi redeuable des beaux ouurages qu'il
a faits pour le Prince qu'il a l'honneur de feruir. La
Comedie Françoife a donc toûjours efté tres eftimée à
Turin, & l'on n'y goufte auffi que des gens qui la fçauent bien executer; ce qui doit perfuader que la Troupe
qui tire penfion de Son Alteffe Royale eft fort ácom-
plic, & pouruecüe de perfonnes tres intelligentes dans
leur Profeffion. Elle fe fixe tous les hyuers à Turin,
& le Duc luy permet de s'ecarter l'Efté & de repaffer les
Alpes, n'y ayant pas de plaifir à fe renfermer en Piémont dans vne Sale de Comedie pendant les grandes
chaleurs.

ACTEVRS DE LA TROUPE DE S. A. R. LE DUC DE SAUOYE,
SELON L'ORDRE CY-DEUANT OBSERUÉ.

Acteurs.

Les Sievrs de Beauchamp; de Chateau vert; Guerin;
Prouoft; de Rochemore; de Rofange; de Valois.

Actrices.

Les Demoifelles de Lan; Mignot; de Rofange; de
Valois.

XLVII

Troupe Françoife de l'Electeur de Bauiere.

LA Troupe Françoife qu'entretient Son Alteffe Elec-
torale de Bauiere n'eft pas forte en nombre de perfonnes, mais elle eft bien concertée, & l'ayant veüe à
Munich, en deux voyages que j'y ay faits, ie reconnus
que la Cour en eftoit fort fatisfaite. Chacun fçait qu'elle
eft des plus magnifiques de l'Europe, qu'il y a des
efprits fort éclairez, & qu'outre plufieurs Seigneurs
Alemans qui entendent parfaitement nôtre langue, il y
en a de Lorrains & de Sauoyards qui en connoiffent
toutes les beautez. Madame l'Electrice les paffe tous
de bien loin, & ce n'eft pas icy le lieu de pourfuiure
fon Eloge.

ACTEVRS ET ACTRICES DE LA TROUPE DE L'ELECTEUR
DE BAUIERE, SELON LE MÉME ORDRE.

Actevrs.

Les Sievrs de Lan, Milo...........

Actrices.

Les Demoifelles de Lan, Milo..........

XLVIII

Troupe des Ducs de Brunfvuic & Lunebourg.

L ES Ducs de Brunfvic & Lunebourg de la branche de Cell entretiennent auffi vne Troupe, que le grand nombre & le merite des perfonnes qui la compofent rendent tres acomplie, & en eftat de pouuoir parêtre auec gloire en quelque lieu que ce fuft. Elle execute parfaitement bien toutes les pieces les plus difficiles, foit dans le Serieux, foit dans le Comique, & elle a auffi à faire à des efprits éclairez & delicats, dont les Maifons de ces Princes font remplies.

ACTEVRS ET ACTRICES DE LA TROUPE DES DUCS DE BRUNSVUIC ET LUNEBOURG.

Aĉtevrs.

Les Sievrs Benard; de Boncourt; de Bruneual; le Coq; de Lauoys; de Nanteuil.

Aĉtrices.

Les demoifelles Benard; de Boncourt; le Coq; de Lauoys; de la Meterie.

Voilà quel eſt l'eſtat preſent du Theâtre François,
& des Troupes de Comediens, tant à Paris que dans les
Prouinces, & hors du Royaume.

Il me reſte à parler des Officiers des Theâtres de
Paris, & chacun des deux Hoſtels en eſt pourueu d'vn
beau nombre, dont les gages montent à plus de cinq
mille eſcus payez tres exactement. Mais les Comediens
de Campagne qui ne marchent pas auec grand train,
& qui n'ont à ouurir ny Loges, ny Amphitheâtre, re-
duiſent toutes les charges à trois, & vſant d'epargne,
ſe contentent de deux ou trois Violons, d'vn Decorateur
& d'vn Portier.

XLIX

Fonctions de l'Orateur.

POUR ce qui eſt de l'Orateur, ie le tire du rang
des Officiers, & comme il repreſente l'Eſtat en
portant la parole pour tout le Corps, il ſeroit peut être
de l'honneur de la Troupe qu'il en fuſt nommé le
Chef, puiſque ie luy ay donné la face d'vne Republique,
& que ie croirois luy faire tort de l'ápeller Anarchie.
Mais comme cet Orateur ne doit le plus ſouuent
l'honneur de ſa fonction qu'au pur hazard, ſans que
preciſement le merite y contribue, & que d'ailleurs il
n'a pas dans la Troupe plus de pouuoir ny d'auantage
qu'vn autre, ainſi que les Comediens de Paris me l'ont

aſſuré, ie ne le nommeray ſimplement que l'Orateur,
& ie diray en peu de mots quelles ſont ſes fonctions.

L'Orateur a deux principales fonctions. C'eſt à luy
de faire la harangue & de compoſer l'Affiche, & comme
il y a beaucoup de raport de l'vne à l'autre, il ſuit
preſque la méme regle pour toutes les deux. Le diſcours qu'il vient faire à l'iſſue de la Comedie a pour
but de captiuer la bienveillance de l'Aſſemblée. Il luy
rend graces de ſon attention fauorable, il luy annonce
la piece qui doit ſuiure celle qu'on vient de repreſenter,
& l'inuite à la venir voir par quelques eloges qu'il luy
donne; & ce ſont là les trois parties ſur leſquelles
roule ſon compliment. Le plus ſouuent il le fait court,
& ne le medite point; & quelquefois auſſi il l'étudie,
quand ou le Roy, ou Monſieur, ou quelque Prince du
ſang ſe trouue preſent; ce qui arriue dans les pieces
de ſpectacle, les machines ne ſe pouuant tranſporter.
Il en vſe de méme quand il faut annoncer vne piece
nouuelle qu'il eſt beſoin de vanter, dans l'adieu qu'il
fait au nom de la Troupe le Vendredy qui precede le
premier Dimanche de la Paſſion, & à l'ouuerture du
Théâtre apres les feſtes de Paſques, pour faire reprendre
au Peuple le gouſt de la Comedie. Dans l'annonce
ordinaire, l'Orateur promet auſſi de loin des pieces
nouuelles de diuers Auteurs pour tenir le monde en
haleine, & faire valoir le merite de la Troupe, pour
laquelle on s'empreſſe de trauailler. L'affiche ſuit l'annonce, & eſt de méme nature. Elle entretient le Lecteur
de la nombreuſe Aſſemblée du iour precedent, du merite de la piece qui doit ſuiure, & de la neceſſité de

pouruoir aux Loges de bonne heure, fur tout lorsque la
piece eft nouuelle, & que le grand monde y court. Cy-
deuant, quand l'Orateur venoit annoncer, toute l'affemblée preftoit vn tres-grand filence, & fon compliment
court & bien tourné eftoit quelquefois écouté auec
autant de plaifir qu'en auoit donné la Comedie. Il
produifoit chaque iour quelque trait nouueau qui
reueilloit l'Auditeur, & marquoit la fecondité de fon
efprit, & foit dans l'Annonce, foit dans l'Affiche, il fe
montroit modefte dans les eloges que la coûtume
veut que l'on donne à l'Autheur & à fon ouurage, & à
la Troupe qui le doit reprefenter. Quand ces eloges
excedent, on s'imagine que l'Orateur en veut faire ac-
croire, & l'on eft moins perfuadé de ce qu'il tafche
d'infinuer dans les efprits. Mais comme les modes changent, toutes ces regularitez ne font plus guere en
vfage; ny dans l'annonce ny dans l'affiche, il ne fe fait
plus de longs difcours, & l'on fe contente de nommer
fimplement à l'Affemblée la piece qui fe doit reprefenter.

De plus il feroit, ce femble, de la fonction de l'Orateur de conuoquer la Troupe, & de la faire affembler
ou au Theâtre, ou ailleurs, foit pour la lecture des
pieces qu'on luy aporte, foit pour les repetitions, & en
general dans toutes les rencontres qui regardent l'intereft commun. Ce feroit à luy d'en faire l'ouuerture,
& de propofer les chofes; & quoy qu'il n'ayt que fa
voix, elle pourroit eftre fuiuie, & l'on pourroit auoir de
la deference pour fes auis, quand on eft perfuadé qu'il
eft intelligent & verfé dans les affaires, & qu'il a du

credit aupres des Grands. Quand cela fe rencontre, la Troupe fe repofe fur fes foins, elle luy confie fes interefts, & il trouue de fon cofté de la gloire à la feruir, ce qui luy tient lieu de recompenfe.

Ie donnerois icy la fuite des Orateurs qui ont paru iufques à cette heure fur les Theâtres de Paris, & parlerois du merite de chacun, fi ie ne craignois de bleffer la modeftie de ceux qui viuent; fans d'autres raifons qui m'impofent filence fur cet article, que ie referue à vne autre ócafion.

OFFICIERS DU THEATRE.

L

Diftinction des Officiers du Theâtre.

L ES Officiers dont j'ay à parler doiuent fe diftinguer en deux claffes. Il y a de hauts Officiers qui font ordinairement du Corps de la Troupe, qui ne tirent point de gages, & qui fe contentent de l'honneur de leurs charges & de l'eftime qu'on fait de leur probité. Ce font le *Treforier,* le *Secretaire* & le *Contrôleur.* Il y a auffi de bas Officiers tirans gages de la Troupe, qui font le *Concierge,* le *Copifte,* les *Violons,* le *Receueur au Bureau,* les *Contrôleurs des portes,* les *Portiers,* les

Decorateurs, les *Affiftans;* les *Ouureurs de Loges, de Theâtre & d'Amphitheâtre;* le *Chandelier,* l'*Imprimeur* & l'*Afficheur.* A quoy l'on pourroit ájoûter les Diftri-butrices de limonades & autres liqueurs, qui ne tirent point de gages, mais qui payent plûtoft vn gros tribut à l'Eftat, à moins que, par vne faueur finguliere, on ne les en veuille decharger. Prenons chacun de ces Officiers à part, & voyons quelles font leurs fonétions.

LI

Havts Officiers qui ne tirent point de gages.

L E *Treforier* affifte ordinairement aux comptes auec le Secretaire & le Contrôleur, garde les deniers de la Communauté, & les diftribue felon qu'il eft neceffaire. Ces deniers font toûjours les premiers leuez fur la recette de la Chambrée apres les frais journaliers, & quelquefois ces frais là payez, la Chambrée entiere eft remife au Treforier, fans qu'il fe partage rien entre les particuliers. Car enfin ce petit Eftat a comme d'au-tres fes neceffitez; le Public n'eft pas riche, mais il fe trouue de riches particuliers, qui au befoin luy font des auances, & qui en font fidelement rembourfez. C'eft pour de pareils rembourfemens, pour le paye-ment des Autheurs, pour de nouuelles machines, pour des loüages, pour des reparations, & d'autres chofes

de cette nature qu'on met des deniers à part, & le
Treforier, qui en eft depofitaire, tire des billets de
toutes les fommes qu'il deliure pour en rendre compte
tous les mois felon l'ordre établi dans cette Communauté.

Le *Secretaire* tient Regiftre, & couche deffus la
recette du iour & la diftribution des frais. Il reçoit le
compte de celuy qui donne les billets au Bureau, & qui
áporte l'argent à l'iffue de la Comedie. Il a foin auffi
d'écrire les noms des perfonnes qui entrent dans la
Troupe, & de marquer à quelles conditions ils y font
receus. Ces deux charges de Treforier & de Secretaire
font fouuent exercées par vne méme perfonne, qui peut
feule en faire les fonctions.

Le Contrôleur eft prefent aux comptes, & écrit de
fa main fur le Regiftre ce qui fe tire d'argent pour le
cofre de la Communauté, qui demeure entre les mains
du Secretaire ou du Treforier. Dans la Troupe du Marais les deux clefs qui ouuroient deux differentes fer-
rures eftoient gardées par des particuliers de la Compagnie pour euiter tout abus : mais cela ne fe pratique
aujourd'huy dans aucune des deux Troupes, & il y a
tant de bonne foy entre les Comediens qu'il ne fe
trouue jamais entr'eux vn fou de mécompte.

LII

Bas Officiers apellez Gagiſtes, & leurs fonctions.

LES Bas Officiers portent entre les Comediens le nom de *Gagiſtes,* parce qu'ils tirent des gages, qui leur font ponctuellement payez, & il n'y a point de Communauté au monde plus reguliere que la leur en cet article. Les premiers deniers ſont toûjours pour eux, & il ſont ſeruis auant les maîtres, ce qui les oblige de bien faire leur deuoir. Il n'eſt pas neceſſaire d'aller juſqu'au detail de leurs gages.

Le *Concierge* a ſoin d'ouurir l'Hoſtel & de le fermer, de le tenir propre & en bon ordre, & apres la Comedie de viſiter exactement par tout, de peur d'accident du feu.

Le *Copiſte* eſt commis aux Archiues pour la garde des Originaux des pieces, pour en copier les rôles, & les diſtribuer aux Acteurs. Il eſt de ſa charge de tenir la piece à vne des aîles du Theâtre, tandis qu'on la repreſente, & d'auoir toûjours les yeux deſſus pour releuer l'Acteur s'il tombe en quelque defaut de memoire; ce qui, dans le ſtile des Colleges, s'apelle *Souffler.* Il faut pour cela qu'il ſoit prudent, & ſçache bien diſcerner quand l'Acteur s'arrête à propos, & fait vne pauſe neceſſaire, pour ne luy rien ſuggerer alors, ce qui le

troubleroit au lieu de le ſoulager. I'en ay veu en de
pareilles rencontres crier au Soufleur trop pront, de ſe
taire, ſoit pour n'auoir pas beſoin de ſon ſecours, ſoit
pour faire voir qu'ils ſont ſeurs de leur memoire, quoy
qu'elle puſt leur manquer. Auſſi faut il que celuy qui
ſuggere s'y prenne d'vne voix qui ne ſoit, s'il eſt poſſible,
entendüe que du Theâtre, & qui ne ſe puiſſe porter
juſqu'au parterre, pour ne donner pas ſujet de rire à
de certains Auditeurs qui rient de tout, & font des éclats
à quelques endroits de Comedie, où d'autres ne trouueroient pas matiere d'entr'ouvrir les levres. Auſſi ay-je
connu des Acteurs qui ne s'attendent iamais à aucun
ſecours, qui ſe fient entierement à leur memoire, & qui
à tout hazard aiment mieux ſauter vn vers, ou en faire
vn ſur le champ. Il y a entre eux des memoires tres
heureuſes, & il ſe trouue des Acteurs qui ſçauent par
cœur la piece entiere, pour ne l'auoir ouïe que dans
la lecture & dans les repetitions. Si quelqu'vn de ceux
qui ſont auec eux ſur le Theâtre vient à s'égarer, ils le
remettent dans le chemin, mais adroitement & ſans
qu'on s'en áperçoiue. I'ay remarqué que les femmes
ont la memoire plus ferme que les hommes; mais ie les
crois trop modeſtes pour vouloir ſoufrir que j'en diſe
autant de leur jugement.

Les *Violons* ſont ordinairement au nombre de ſix,
& on les choiſit des plus capables. Cy-deuant on les
plaçoit, ou derriere le Theâtre, ou ſur les aiſles, ou
dans vn retranchement entre le Theâtre & le Parterre,
comme en vne forme de Parquet. Depuis peu on les
met dans vne des Loges du fond, d'où ils ſont plus de

bruit que de tout autre lieu où on les pourroit placer. Il eſt bon qu'ils ſçachent par cœur les deux derniers vers de l'Acte, pour reprendre prontement la Symphonie, ſans attendre que l'on leur crie : *Ioüez!* ce qui arriue ſouuent.

Le *Receueur au Bureau* diſtribüe à ceux qui viennent à la Comedie les billets dont il eſt chargé, & qu'il a receus par compte. Il eſt reſponſable de tout l'argent qui ſe trouue faux ou leger, & ne doit pas eſtre ignorant en cette matiere. Il ne quite le Bureau que lors que la Comedie eſt acheuée, & il n'y en a qu'vn pour toute la recete du Theâtre, de l'Amphitheâtre, des Loges & du Parterre. L'argent eſt porté d'abord au Treſorier, & s'il ſe trouue quelque eſpece où il y ayt du défaut, le Receueur, comme i'ay dit, la doit faire bonne, & on la luy rend.

Les *Contrôleurs des portes,* qui ſont, l'vn à l'entrée du Parterre, & l'autre à celle des Loges, ſont commis à la diſtribution des billets de contrôle, pour placer les gens qui ſe preſentent, aux lieux où ils doiuent aller ſelon la qualité des billets qu'ils áportent du Bureau, où ils les ont eſté prendre. Ils ont ſoin auſſi que les Portiers facent leur deuoir, qu'ils ne reçoiuent de l'argent de qui que ce ſoit, & qu'ils traitent ciuilement tout le monde.

Les *Portiers,* en pareil nombre que les Contrôleurs & aux mémes poſtes, ſont commis pour empeſcher les deſordres qui pourroient ſuruenir, & pour cette fonction, auant les défences étroites du Roy d'entrer ſans payer, on faiſoit choix d'vn braue, mais qui d'ailleurs sceult difcerner les honneftes gens d'auec ceux qui n'en portent pas la mine. Ils arreftent ceux qui voudroient paffer outre fans billet, & les áuertiffent d'en aller prendre au Bureau; ce qu'ils font auec ciuilité, ayant ordre d'en vfer enuers tout le monde, pourueu qu'on n'en vienne à aucune violence. L'Hoftel de Bourgogne ne s'en fert plus, à la referue de la porte du Theâtre, & en vertu de la Declaration du Roy elle prend des foldats du Regiment de fes Gardes autant qu'il eft neceffaire; ce que l'autre Troupe, qui a des portiers, peut faire auffi au befoin. C'eft ainfi que tous les defordres ont efté bannis, & que le Bourgeois peut venir auec plus de plaifir à la Comedie.

Les *Decorateurs* doiuent eftre gens d'efprit, & auoir de l'adreffe pour les enjoliuemens du Theâtre. Ils font ordinairement deux, & toûjours enfemble pour les chofes neceffaires, & lors qu'il s'agit de trauailler à de nouuelles decorations; mais pour l'ordinaire il n'y en a qu'vn les jours que l'on reprefente, & ils ont le feruice alternatif. Tout ce qui regarde l'embelliffement du Theâtre depend de leur fonction; & il eft neceffaire qu'ils entendent les machines pour les faire joüer dans les pieces qui en font ácompagnées, quand le machiniste les a mifes en eftat. Il eft de leur fonction de faire retirer d'entre les aîles du Theâtre de certaines petites gens qui s'y viennent fourrer, & qui, outre l'embarras qu'elles caufent aux Comediens dans les entrées & les forties, donnent vne mechante figure au Theâtre, & bleffent la vûe des Auditeurs; ce qui ne fe voit guere que dans les Troupes de Campagne, qui ne peu-

auec plufieurs menus frais, la depence ordinaire de chaque Troupe tous les ans paffe quinze mille liures.

LIV

Grans frais dans les pieces de machines.

POUR ce qui eft des frais dans les pieces de machines qui ne fe peuuent joüer qu'à l'Hoftel de la Troupe du Roy rüe Mazarine, parce que le Theâtre eft large & profond, il n'y a rien de reglé : mais on fe peut aifement imaginer qu'ils font grands & c'eft ce qui oblige les Comediens de prendre le double, parce qu'il y a pour eux le double de depence, & le double de plaifir pour l'Auditeur.

LV

Diftributrices des douces liqueurs.

IL me refte à dire vn mot de la Diftributrice des li- queurs & des confitures, qui occupe deux places, l'vne pres des Loges, & l'autre au Parterre, où elle fe tient, donnant la premiere à gouuerner par commiffion. Ces places font ornées de petits luftres, de quantité de

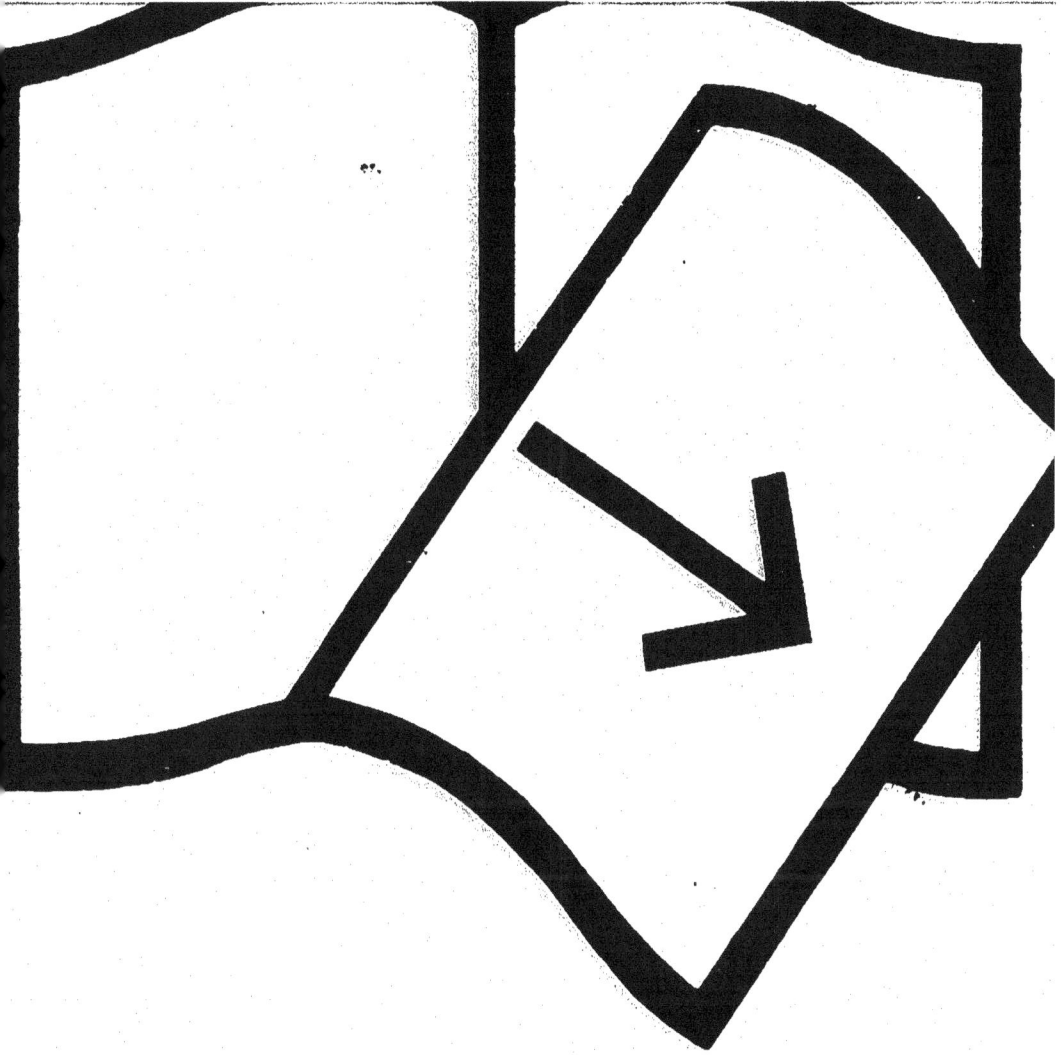

Documents manquants (pages, cahiers...)

beaux vafes & de verres de cryftal. On y tient l'Efté
toutes fortes de liqueurs qui rafraîchiffent, des limonades, de l'aigre de cedre, des eaux de framboife, de
grofeille & de cerife, plufieurs confitures feches, des
citrons, des oranges de la Chine ; & l'hyuer on y trouue
des liqueurs qui rechaufent l'eftomac, du Roffolis de
toutes les fortes, des vins d'Efpagne, de la Scioutad, de
Riuefalte & de Saint-Laurens. I'ay veu le temps que
l'on ne tenoit dans les mémes lieux que de la biere
& de la fimple ptifane, fans diftinction de Romaine
ny de citronnée : mais tout va en ce monde de bien en
mieux, & de quelque cofté que l'on fe tourne, Paris ne
fut iamais fi beau, ny fi pompeux qu'il l'eft aujourd'huy.
Ces Diftributrices doiuent eftre propres & ciuiles, & font
neceffaires à la Comedie, où chacun n'eft pas d'humeur
à demeurer trois heures fans fe rejouir le gouft par
quelque douce liqueur : mais elles ne peuuent entrer
dans le rang des Officiers, parce qu'elles ne tirent
point de gages des Comediens, & qu'au contraire elles
leur rendent tous les ans de leurs places, dans chaque
Hoftel, iufqu'à huit cens liures. Il eft vray que la
Troupe Royale a voulu gratifier pour toûjours de cette
fomme la Diftributrice qu'elle a receüe depuis peu
dans fon Hoftel. Elle ne paye rien, & cet áuantage confiderable luy a efté acordé de bonne grace foit pour
fon propre merite, foit en faueur d'vn de fes proches
parens qui eft de la Troupe, & en toutes manieres vn
tres excellent Comedien.

　Ie feray fuiure icy deux declarations du Roy en faueur de l'vne & de l'autre Troupe.

LVI

Declaration du Roy en faueur de la Troupe Royale.

DE PAR LE ROY,

E T Monfieur le Preuoft de Paris, ou Monfieur fon
Lieutenant de Police.

Svr ce qui Nous a efté reprefenté par le Procureur
du Roy, Que certains Perfonnages fans employ, portans
l'épée, qui ont en diuerfes occafions excité des defordres confiderables en cette Ville, ayant depuis peu de
jours, auec la derniere temerité, & vn grand fcandale,
entrepris de forcer les portes de l'Hoftel de Bourgogne,
fe feroient attroupez, pour l'execution de ce deffein,
auec plufieurs Vagabonds, lefquels affemblez en tres-
grand nombre, eftant armez de Moufquetons, Piftolets
& Epées, feroient à force ouuerte entrez dans ledit Hoftel de Bourgogne pendant la Reprefentation de la
Comedie, qu'ils auroient fait ceffer, & ils y auroient
commis de telles violences contre toutes fortes de perfonnes, que chacun auroit cherché, par diuers moyens,
de fe fauuer de ce lieu, où lefdits Perfonnages fe dif-
pofoient de mettre le feu, & dans lequel, auec vne
brutalité fans exemple, ils maltraittoient indifferemment
toutes fortes de gens. De quoy Sa Majefté ayant efté
auffi informée, mefme de ce que depuis on n'auoit ozé

ouurir les portes de l'Hoſtel de Bourgone; Et ne voulant ſouffrir qu'vn tel excés demeure impuny, il luy
auroit plû de nous enuoyer ſes ordres exprés & particuliers, tant contre ceux qui ſont connus pour eſtre les
chefs & les principaux autheurs de cette violence publique, que contre ceux qui ſe trouueront les auoir
aſſiſtez. Mais comme Sa Majeſté Nous a pareillement
ordonné d'empécher à l'avenir qu'il n'arriue de ſemblables deſordres, & d'eſtablir, dans les lieux deſtinez
aux diuertiſſemens publics, la meſme ſeureté qui ſe
trouue eſtablie par les ſoins & par la bonté de Sa Majeſté dans tous les autres endroits de Paris; Le Procureur du Roy nous a requis qu'il fuſt ſur ce par Nous
pourveu, afin que ceux qui voudront prendre part à
cette ſorte de diuertiſſement, d'où preſentement tout ce
qui pourroit bleſſer l'honneſteté publique doit eſtre heu-
reuſement retranché, ayent la liberté de s'y trouuer ſans
craindre aucuns des accidens auſquels ils ont eſté ſi
ſouuent expoſez. Nous, conformément aux ordres de
Sa Majeſté, AVONS FAIT TRES-EXPRESSES DEFFENCES à
toutes ſortes de perſonnes, de quelque qualité, condition & profeſſion qu'elles ſoient, de s'attrouper & de
s'aſſembler au deuant & aux enuirons des lieux où les
Comedies ſont recitées & repreſentées, d'y porter aucunes armes à feu, de faire effort pour y entrer, d'y
tirer l'épée, & de commettre aucune autre violence, ou
d'exciter aucun tumulte, ſoit au dedans ou au dehors, à
peine de la vie, & d'eſtre procedé extraordinairement
contre eux, comme perturbateurs de la ſeureté & de la
tranquilité publique. Comme auſſi faiſons tres-expreſſes

uent pas faire toutes chofes regulierement. C'eft auffi aux Decorateurs de pouruoir de *deux Moucheurs* pour les lumieres, s'ils ne veulent pas eux mémes s'employer à cet office. Soit eux, foit d'autres, ils doiuent s'en áquiter promptement, pour ne pas faire languir l'Auditeur entre les Aftes; & auec propreté, pour ne luy pas donner de mauuaife odeur. L'vn mouche le deuant du Theâtre, & l'autre le fond, & fur tout ils ont l'œil que le feu ne prenne aux toiles. Pour preuenir cet accident, on a foin de tenir toûjours des muids pleins d'eau, & nombre de feaux, comme l'on en void dans les places publiques des Villes bien policées, fans attendre le mal pour courir à la riuiere ou aux puits. Les restes des lumieres font partie des petits profits des Decorateurs.

Les *Affiftans* font ordinairement quelques Domeftiques des Comediens, à qui l'on donne ce que l'on juge à propos le iour qu'ils font employez. Dans les pieces de machines il y en a vn grand nombre ; & ce font des frais extraordinaires qu'on ne fçauroit limiter.

Les *Ouureurs de Loges, de Theâtre & d'Amphitheâtre,* au nombre de quatre ou cinq, doiuent eftre pronts à feruir le monde, & donner aux gens de qualité les meilleures places qu'il leur eft poffible, comme ils en reçoiuent auffi quelques douceurs, ce qui ne leur eft pas defendu.

Le *Chandelier* doit fournir de bonnes lumieres, du poids & de la longueur & groffeur qu'elles font commandées. Il faut que la blancheur fuiue, & que la matiere qu'il y employe n'ayt aucun defaut. Ie ne parle point des lumieres extraordinaires, parce qu'on n'en peut fixer la quantité, non plus que le temps où on les doit employer. Quand le Roy vient voir les Comediens, ce font fes Officiers qui fourniffent les bougies.

L'*Imprimeur* doit rendre le lendemain du iour qu'on a annoncé, & de grand matin, le nombre ordinaire d'Affiches bien imprimées fur de bon papier, l'original luy en ayant efté enuoyé des le foir par celuy qui annonce, & qui a ácoûtumé de les dreffer.

L'*Afficheur* doit eftre ponctuel à afficher de bonne heure à tous les carrefours & lieux neceffaires qui luy font marquez. Les affiches font rouges pour l'Hoftel de Bourgogne, vertes pour l'Hoftel de la rüe Mazarine, & jaunes pour l'Opera. Il y a auffi vn homme établi pour tenir nette la place deuant la porte de chaque Hoftel; il en va à peu pres de la méme forte dans tous les deux pour tous ces articles, & la difference n'y eft pas grande.

LIII

A quoy monte tous les ans la depence ordinaire de chaque Hoftel.

Les gages des Officiers, comme ie l'ay remarqué, leur font payez exactement tous les foirs à l'iffue de la Comedie, & preferablement à toutes les autres neceffitez de l'Eftat; & en contant le loüage de l'Hoftel

deffences à tous Pages & Laquais de s'y attrouper, d'y
faire aucun bruit ny defordre, à peine de punition
exemplaire & de deux cens liures d'amende au profit
de l'Hofpital General, dont les Maiftres demeureront
refponfables, & ciuilement tenus de tous les defordres
qui auront efté faits ou caufez par lefdits Pages & Laquais. Et en cas de contrauention, enjoint aux Commiffaires du quartier de fe tranfporter fur les lieux, & aux
Bourgeois de leur prefter main forte, mefme de Nous
informer fur le champ defdits defordres, afin qu'il y
foit auffi, dès l'inftant, pourueu, & que ceux qui s'en
trouueront eftre les autheurs ou complices, de quelque condition qu'ils foient, puiffent eftre faifis & arreftez,
& leur procez fait & parfait felon la rigueur des Ordonnances. Et fera la prefente leuë, publiée à fon de
trompe & cry public, & affichée en tous les lieux de
cette Ville & Fauxbourgs que befoin fera, afin que perfonne n'en pretende caufe d'ignorance, & executée no-
nobftant oppofitions ou appellations quelconques, & fans
preiudice d'icelles.

Fait & ordonné par Meffire GABRIEL NICOLAS DE LA
REYNIE, Confeiller du Roy en fes Confeils d'Eftat
& Priué, Maiftre des Requeftes ordinaire de fon Hoftel,
& Lieutenant de Police de la Ville, Preuofté & Vicomté
de Paris, le 9e iour de Ianuier 1673.

DE LA REYNIE.

DE RYANTZ.

SAGOT, Greffier.

Leuë & publiée à fon de Trompe & cry public és

lieux & endroits accouftumez, par moy Charles Canto,
Iuré Crieur ordinaire du Roy en ladite Ville, Preuofté
& Vicomté de Paris, fouffigné, accompagné de Hierofme Tronffon, Iuré Trompette de Sa Majefté, & de
deux autres Trompettes, le Mardy 10 de Ianuier 1673.
& ledit iour affiché.

Signé, CANTO.

*Autre Declaration de Sa Majefté en faueur de la
Troupe du Roy, pour fon établiffement dans la ruë
Mazarine.*

DE PAR LE ROY,

Et Monfieur le Preuoft de Paris, ou Monfieur le
Lieutenant de Police.

IL eft permis, Oüy fur ce le Procureur du Roy,
& fuiuant les Ordres de Sa Majefté, à la Troupe
des Comediens du Roy, qui eftoit cy-deuant au Palais
Royal, De s'eftablir, & de continuer à donner au Public des Comedies & autres Diuertiffemens honneftes,
dans le Ieu de Paulme, fitué dans la ruë de Seine, au
Faux-bourg Saint-Germain, ayant iffuë dans ladite ruë
& dans celle des Foffez de Nefle, vis-à-vis la ruë de
Guenegaud; Et à cette fin d'y faire tranfporter les
Loges, Theâtres, Decorations & autres Ouurages
eftans dans la Salle dudit Palais Royal, appartenant à
ladite Troupe; Comme auffi de faire afficher aux coins

des Ruës & Carrefours de cette Ville & Faux-bourgs,
pour feruir d'auertiffement des Iours & Sujets des Reprefentations. Deffenfes font faites à tous Vagabons
& gens fans aveu, mefmes à tous Soldats & autres perfonnes, de quelque qualité & condition qu'elles foient,
de s'atrouper & de s'affembler au deuant & és enuirons du lieu où lefdites Comedies & Diuertiffemens
honneftes feront reprefentez; d'y porter aucunes
Armes à feu, de faire effort pour y entrer, d'y tirer
l'efpée, & de commettre aucune autre violence, ou
d'exciter aucun trouble, foit au dedans ou au dehors,
à peine de la Vie, & d'eftre procedé extraordinairement
contr' eux, comme Perturbateurs de la feureté & de la
tranquillité publique : Comme auffi deffenfes font faites
à tous Pages & Laquais de s'y attrouper, ny faire aucun bruit ny defordre, à peine de punition exemplaire,
& de deux cens liures d'amende, au profit de l'Hos-
pital general, dont les Maiftres demeureront refponfables & ciuilement tenus des defordres qui auront
efté faits ou caufez par lefdits Pages & Laquais; & en
cas de contrauention, il eft enjoint aux Commiffaires
du Quartier de fe tranfporter fur les Lieux, & aux
Bourgeois de leur prefter main-forte, mefmes de nous
informer fur le champ defdits defordres, afin qu'il y
foit auffi, dés l'inftant, pourueu; & que ceux qui s'en
trouueront eftre les autheurs ou complices, de quelque
qualité & condition qu'ils foient, puiffent eftre faifis
& arreftez, & leur procez fait & parfait felon la rigueur
des Ordonnances : Deffenfes font pareillement faites à
la Troupe des Comediens du Quartier du Marais, de

continuer à donner au Public des Comedies, foit dans
ledit Quartier, ou autre de cette Ville & Faux-bourgs de
Paris; Et afin qu'il n'en foit pretendu caufe d'ignorance,
fera la prefente Ordonnance affichée aux portes
& principales entrées, tant dudit Ieu de Paulme audit
Faux-bourg Saint-Germain, qu'autres endroits accoutumez de ladite Ville & Faux-bourgs, & executée non-
obftant oppofitions ou appellations quelconques,
& fans prejudice d'icelles.

Fait & ordonné par Meffire Gabriel-Nicolas de la
Reynie, Confeiller du Roy en fes Confeils d'Eftat
& Priué, Maiftre des Requeftes ordinaire de fon Hoftel,
& Lieutenant de Police de la Ville, Preuofté & Vicomté
de Paris, le Vendredy vingt-troifiéme Iuin mil fix cens
foixante-treize.

Signé : De la Reynie.

De Ryantz.

Sagot, Greffier.

—

(Ajouté quelque temps après l'édition) :

*Suite des Oratevrs des Theâtres de Paris, contenue
dans vne lettre de l'Autheur à une perfonne de qualité, pour Réponce aux remarques qu'elle luy a
enuoyées fur le Theâtre François.*

Monsievr,

Ie me fuis pris trop tard à expofer cet ouurage à
vôtre cenfure, & ie ne deuois pas attendre à vous l'enuoyer que la derniere feuille fuft foûs la preffe. Comme

vous aimez paſſionnement la Comedie, parce que vous
la connoiſſez parfaitement, vous m'auriez fourni de
bonnes armes pour la defendre contre ceux qui l'attaquent auec ſi peu de juſtice, & auriez rempli d'ex-
cellentes remarques toutes les marges de mon manuscrit. Celles dont vous ácompagnez la lettre que vous
m'auez fait l'honneur de m'écrire, ſont tres-juſtes
& ſolides, & ſans remettre à vne ſeconde edition le
plaiſir qu'en peut tirer le Public, j'aime mieux les
placer icy comme hors-d'œuures, & mon ouurage ſem-
bloit me demander cette belle concluſion.

l'auoüe, Monſieur, que ie pouuois ájoûter en faueur
de la Comedie & des Autheurs ce que vous auez tres
judicieuſement obſerué, & qu'il me ſouuient auec vous
d'auoir leu dans vn de nos Critiques modernes qui a
écrit la vie des Poëtes Grecs, Qu'vn des Peres de
l'Égliſe, pour ſe delaſſer de ſes ſerieuſes ócupations,
ne faiſoit point de ſcrupule de paſſer quelques heures
à la lecture de Plaute, ce qu'il témoigne luy méme
dans vne lettre qu'il ecrit à vne Dame ; & qu'vn autre
tenoit Ariſtophane ſoûs le cheuet de ſon lit, parce
qu'auec ceux qui ont quelque ſentiment de l'eſprit At-
tique, & qui ſçauent ce que c'eſt que le beau Grec, il
reconnoiſſoit que c'eſt de ce ſeul Poëte que ces deux
choſes ſe peuuent apprendre. Nous ſçauons tous que
ces deux Grans Hommes, l'vn Cardinal, qui a eclairé
de ſa ſainte vie & de ſon ſçauoir l'Egliſe Latine ; l'autre,
Patriarche, qui ne s'eſt pas rendu moins celebre dans
l'Egliſe Greque, auoient hautement renoncé à toutes
les vanitez du ſiecle, aux pompes & aux ſpectacles

publics : mais enfin, comme vous le remarquez bien à
propos, ils estimoient l'inuention & le style de ces
Poëtes Comiques, & les lisant auec vn esprit fort de-
taché des pensées de la Terre, il ne s'en peut rien
conclure au desauantage de leur pieté. Toutes choses
sont saines à vn corps bien sain, & à vn corps mal
conditionné les meilleures viandes se tournent en mau-
uaise nourriture.

l'auoüe aussi que i'ay passé trop legerement sur les
honneurs qui ont esté rendus aux fameux Poëtes par
toutes les Nations, & dans tous les siecles. l'aurois pû
dire que le méme Aristophane, duquel ie viens de parler, le plus hardi dans ses railleries de tous les Comiques de l'Antiquité, & qui joüa publiquement tous
les principaux d'Athenes, sans épargner ny Cleon, ny
Demosthene, ny Alcibiade, fut, par vn decret public,
honoré d'vn chapeau fait d'vne branche de l'Oliuier
sacré qui estoit en la citadelle de cette Ville ; que cette
gloire qu'il merita, fut vne marque éclatante de la
reconnoissance des Atheniens, qui luy sceurent bon
gré du soin & de l'affection qu'il auoit pour la liberté
de la République ; ce qui paroist dans toutes ses Comedies, où il leur donne des conseils tres salutaires, en
leur reprochant leurs fautes, & les exhortant à leur deuoir. l'aurois pû remarquer qu'en disant des veritez
fâcheuses, il ne laissoit pas de plaire ; qu'en blessant, il
obligeoit, & que l'on receuoit ses railleries de la méme
façon qu'on reçoit les douceurs & les loüanges des
autres ; qu'on couroit auec chaleur à ses Comedies,
& qu'on les donnoit au Public dans le plus grand feu

de la guerre du Peloponnefe. Que n'aurois je pas eu
auffi à dire des deux fameux Tragiques de fon temps,
de Sophocle & d'Euripide, dont la gloire a paffé dans
tous les fiecles, le dernier ayant eu l'honneur d'eftre
logé dans le Palais d'Archelaus, Roy de Macedoine,
qui luy fit mille careffes, & porta toute fa Cour à auoir
beaucoup d'eftime pour luy? En general, & les Poëtes
qui n'ont trauaillé que pour le Theâtre, & ceux
qui fe font deuouëz au Poëme Epique, ou aux Odes,
ou aux Élegies, ont efté cheris & fauorifez de tous les
Princes; & c'eft de quoy, Monfieur, vous me dites que
j'aurois pû áporter plufieurs exemples. Vous me marquez, entre autres, qu'Alexandre qui faifoit eftime des
Lettres, ne trouua rien qui fuft digne d'eftre enfermé
dans vn petit coffre de pierreries, deuenu le fruit de
fa victoire apres la defaite de Darius, que l'Iliade de
l'incomparable Homere; & que fi Thebes ne fut pas
rafée apres avoir foûtenu long-temps l'effort de fes
armes victorieufes, elle dût fa conferuation à la naiffance qu'elle auoit donnée au Poëte Pindare, dont le
fouuenir eftoit fi cher à ce puiffant Roy, qu'en faueur
d'vn homme mort il fit grace à plus de cent mille qui
craignoient qu'on ne leur oftaft la vie. Vous auriez
auffi fouhaité que j'euffe parlé de Scipion qui merita
le furnom d'Africain par la prife de Carthage, & qui
cheriffoit fi tendrement le Poëte Ennius, qu'il fit placer
fon portrait dans fon tombeau, pour laiffer des marques
de l'eftime qu'il auoit eüe pour luy pendant fa vie.
Mais fans chercher fi loin des exemples fauorables aux
Poëtes, j'ay crû, Monfieur, qu'il fuffifoit de produire

celuy du plus grand Monarque qu'ayt iamais eu l'Vniuers, & qui s'eſt fait diſtinguer de tous les autres
Souuerains que nous voyons aujourd'huy regner, non
ſeulement par la gloire éclatante de ſes conqueſtes
& par la force admirable d'vn Genie que n'ont point
eu ſes Ayeux, mais auſſi par vn ſoin particulier qu'il a
pris de faire cultiuer les belles lettres en France, & de
donner de l'emulation aux Sçauans en les honorant
de ſes bienfaits. Nos fameux Poëtes s'en ſont reſſentis,
& il n'y a perſonne qui ne ſçache de quelle glorieuſe
maniere il a plû à Sa Majeſté de donner des marques
de ſon eſtime à vn Pierre Corneille, le Sophocle François, qui de méme que le Sophocle Grec a paſſé de
beaucoup par la force de ſes vers Eſchyle & Euripide,
& tous les Tragiques qui les ont ſuiuis.

Sola Sophocleo ſunt Carmina digna cothurno.

D'ailleurs, Monſieur, vous vous plaignez de mon
trop de delicateſſe, & vous ſoûtenez que ie ne puis
auoir de bonnes raiſons pour me diſpenſer de donner
la ſuite des Orateurs des Theâtres de Paris, ce qui
rend, ſelon vous, mon ouvrage defeétueux. Que
puiſque j'ay eſté ſi auant dans le detail des choſes,
& qu'en repreſentant la face d'vn Eſtat Republicain
j'ay donné vne liſte exaéte de ſes Officiers, ie ne deuois pas oublier celle de ſes Orateurs Illuſtres que l'on
a ſouuent écoutez auec plaiſir. Vous ájoutez que les
belles modes deuroient toûjours durer, & que le Comedien qui annonce ne ſait plus aujourd'hui de ces

beaux difcours aux Auditeurs, parce que cela luy coû-
teroit peut être quelque étude, & qu'on recherche fes
aifes plus que jamais. Ie fuis perfuadé, Monfieur,
qu'en toutes chofes vous n'auez que des fentimens
tres juftes, & quand il n'y auroit que le refpeſt que ie
vous dois, & le pouuoir abfolu que vous auez toûjours
eu fur moy, c'en eſt affez pour m'obliger de vous
obeïr & de fatisfaire à ce dernier article que vous me
marquez.

Ie vous diray donc, Monfieur, felon la connoiffance
que j'en puis auoir, que la Troupe Royale a eu de
fuite deux Illuftres Orateurs, Bellerofe & Floridor, qui
ont eſté tout enfemble de parfaits Comediens. Quand
ils venoient annoncer, tout l'Auditoire preſtoit vn
tres grand filence, & leur compliment, court & bien
tourné, eſtoit écouté auec autant de plaifir qu'en auoit
donné la Comedie. Ils produifoient chaque iour quelque
trait nouueau qui reueilloit l'Auditeur, & marquoit la
fecondité de leur efprit, & j'ay parlé au troifiéme
Liure des belles qualitez de ces deux Illuftres. Hauteroche a fuccedé au dernier, fes camarades qui y ont le
méme droit, le voulant bien de la forte, & il s'aquite
dignement de cet employ. Il a beaucoup d'étude
& beaucoup d'efprit, il écrit bien en profe & en vers,
& a produit plūfieurs pieces de Theâtre, & d'autres
ouurages qui luy ont aquis de la reputation.

Quatre Illuftres Orateurs ont paru de fuite dans la
Troupe du Marais, Mondory, Dorgemont, Floridor
& la Roque. Mondory, l'vn des plus habiles Comediens de fon temps, mourut de trop d'ardeur qu'il

áportoit à s'aquiter de fon rôle. Dorgemont luy fuc-
ceda, qui eftoit bien fait, & tres capable dans fa profeffion, qui parloit bien & de bonne grace, & dont
l'on eftoit fort fatisfait. Floridor le fuiuit, & entra
en 1643. dans la Troupe Royale, où il parut auec
éclat, & tel que ie l'ay depeint. La Roque remplit fa
place en la charge d'Orateur, qu'il a exercée vingt fept
ans de fuite, & l'on peut dire, fans fâcher perfonne,
qu'il a foûtenu le Theâtre du Marais jufqu'à la fin par
fa bonne conduite & par fa brauoure, ayant donné de
belles marques de l'vne & de l'autre dans des temps
difficiles, où la Troupe a couru de grands dangers.
Comme il eft connu du Roy qui luy a fait des graces
particulieres, & que fes bonnes qualitez luy ont aquis
de l'eftime à la Cour & à la Ville, il s'eft ferui avec
joye de ces áuantages, pour le bien commun du Corps,
qui luy abandonnoit la conduite des affaires, & comme
il eft genereux, l'intereft public l'a toûjours emporté
en luy fur fon intereft particulier. Auant les defences
étroites du Roy à toutes fortes de perfonnes d'entrer à
la Comedie fans payer, il arriuoit fouuent de grandes
querelles aux portes, & jufques dans le Parterre; & en
quelques rencontres il y a eu des portiers tuez, & de
ceux auffi qui excitoient le tumulte. La Roque, pour
apaifer ces defordres & maintenir les Comediens & les
Auditeurs dans le repos, s'eft expofé à diuers perils,
& attiré de tres mechantes affaires fans en craindre le
fuccez; montrant autant d'adreffe & d'efprit qu'il a
toûjours fait parêtre de cœur pour l'affoupiffement de
ces tumultes. Il s'eft fait craindre des faux braues,

& eftimer de ceux qui étoient braues veritablement, fuiuant en cela les pas de fes freres, qui auroient paffé pour des Illuftres, s'ils auoient eu d'Illuftres employs. Il a effuyé de la forte cent fatigues en faueur de la Troupe qu'il aimoit, & quand il ne luy auroit efté vtile qu'en ces deux articles de fa conduite & de fon courage, il y en auroit eu affez pour le faire confiderer comme le membre le plus vtile du Corps. Mais il l'eftoit encore en toutes les autres chofes, & vniuerfellement il s'eftoit rendu tres neceffaire à la Troupe du Marais. Comme il a tres bonne mine & qu'il parle bien, il s'aquitoit de l'annonce auec grand plaifir de l'Auditeur, & fi l'on ne peut pas dire qu'il s'áquitteroit d'vn rôle auec le méme fuccez, on doit áouër d'ailleurs qu'il fçait admirablement comme il faut s'en demefler, & que plufieurs des meilleurs Comediens de Paris ont receu de luy des feruices confiderables par les vtiles confeils qu'il leur a donnez dans leur profeffion. Il n'y a auffi perfonne à la Comedie qui juge mieux que luy du merite d'vne piece, ny qui en puiffe plus feurement preuoir le fuccez; ce qui eft vn grand article, pour ne pas tomber dans le malheur de produire vn ouurage qui fuft rebuté. Ie parle de la Roque comme d'vne perfonne que tout le monde fçait auoir efté vn tres ferme ápuy du Theâtre du Marais, d'où il a paffé depuis fix mois auec plufieurs de fes camarades dans la Troupe du Roy, qui fe trouuera toûjours bien de fes bons auis.

La Troupe du Palais Royal a eu pour fon premier Orateur l'Illuftre Moliere, qui, fix ans auant fa mort, fut

bien aife de fe decharger de cet employ, & pria la
Grange de remplir fa place. Celui cy s'en eft toûjours
aquité tres dignement jufqu'à la rupture entiere de la
Troupe du Palais-Royal, & il continüe de l'exercer auec
grande fatisfaction des Auditeurs dans la nouuelle
Troupe du Roy. Quoy que fa taille ne paffe guere la
mediocre, c'eft vne taille bien prife, vn air libre & de-
gagé, & fans l'ouïr parler, fa perfonne plaift beaucoup.
Il paffe auec juftice pour tres bon Acteur, foit pour le
ferieux, foit pour le comique, & il n'y a point de rôle
qu'il n'execute tres bien. Comme il a beaucoup de feu,
& de cette honnefte hardieffe neceffaire à l'Orateur, il
y a du plaifir à l'écouter quand il vient faire le compliment; & celuy dont il fceut regaler l'affemblée à l'ouuerture du Theâtre de la Troupe du Roy, eftoit dans la
derniere jufteffe. Ce qu'il auoit bien imaginé fut prononcé auec vne merueilleufe grace, & ie ne puis enfin
dire de luy que ce que i'entens dire à tout le monde,
qu'il eft tres poli, & dans fes difcours & dans toutes
fes actions. Mais il n'a pas feulement fuccedé à Moliere
dans la fonction d'Orateur, il luy a fuccedé auffi dans
le foin & le zele qu'il auoit pour les interefts communs,
& pour toutes les affaires de la Troupe, ayant tout
enfemble de l'intelligence & du credit. Ie crois, Monfieur, auoir fatisfait à ce que vous fouhaitez de moy
par vôtre lettre, & ie vous fupplie de croire que ie
feray toute ma vie auec beaucoup de refpect vôtre, &c.

FIN.

NOTES

LIVRE I*r.

Page 4. — ... *remettre mon* Europe Viuante *fous la preffe.* — Il ne donna pas suite à ce projet. *L'Europe vivante* n'eut qu'une seule édition, qui fut presque entièrement vendue à l'étranger. Aussi est-elle très-rare aujourd'hui.

Page 6. — .. *cent mille honnefles gens...* — Chappuzeau sort ici de sa modestie ordinaire. Si ce chiffre était exact, il aurait pu tirer à 100,000; *le Théâtre françois* aurait eu plus d'une édition, et ne serait pas introuvable aujourd'hui.

Page 8. — ... *que de pendre ou de faucher.* — Cinq ans auparavant, à l'Hôtel de Bourgogne, le Perrin Danjin de Racine avait dit dans le procès du chien Citron : « aux galères! »

Page 9. — *Le difcours ne touche pas comme l'aftion.* — Avant lui, Horace avait dit en latin: *Segnius irritant animos,* etc.

Page 20. — ... *à vne debauche de jeunes gens...* — Allusion aux fêtes de Bacchus, qu'on considère comme l'origine de la tragédie.

Page 22. — ... *enfeigner en joüant.* — C'est la traduction libre de *Castigat ridendo,* devise si discutée de la comédie.

Page 24. — ... *la* Poëtique *de Scaliger.* — *Pœtices libri VIII,* Lyon, 1561, f°, de Jules-César Scaliger (1484-1558), père de Joseph-Just. Scaliger (1540-1600).

Page 25. — ... *car pour les (vers) irreguliers.* — Singulier démenti donné au succès tout récent (1668) de l'*Amphitryon* de Molière, écrit en vers libres, et qui est à la fois un chef-d'œuvre de comique et un modèle de versification.

L'Amarante de Gombaud — pastorale en cinq actes en vers, avec un prologue et des chants (1625), de Jean Ogier de Gombault, gentilhomme calviniste, mort en 1666.

Page 26. — ... *la caufe du Comedien Rofcius.* — C'est le *Pro Roscio,* l'un des plus fameux plaidoyers de Cicéron, qui avait pris des leçons de déclamation de l'illustre acteur. On a prétendu que Roscius, devenu l'intime ami de son défenseur, rendait par le seul geste toute l'éloquence de l'orateur romain.

Page 27. — *Spectacles aux Colleges.* — Voir les *Curiosités théâtrales* de M. Victor Fournel, deux articles de M. G. Perrot sur la *Comédie au collège* dans la *Revue contemporaine,* et, dans l'*Histoire du lycée Louis-le-Grand* de M. Emond, toute la période du collège de Clermont, le plus renommé pour ces divertissements toujours chers aux Jésuites. Ce fut là peut-être, dans ces exercices annuels des distributions de prix, que l'élève Poquelin prit un goût si vif du théâtre, qu'il devait illustrer sous le nom de *Molière.* Un passage de Loret (août 1658) nous apprend qu'on paya quinze sous au « collège de Saint-Ignace, » pour voir une tragédie latine, *Athalie,* et quatre ballets à plusieurs entrées, qui furent représentés en présence de dames « prudes et coquettes ». Il est question, vers le même temps, de représentations données aux Jésuites de Lyon, de Bordeaux, de Poitiers; les rôles de femmes étaient joués par de jeunes écoliers. Un siècle plus tard, le 7 août 1757, une représentation des *Fourberies de Scapin* fut donnée dans le grand couvent des Capucins de Lyon : le Père Joachim faisait le personnage principal; les moines chargés des rôles de femmes furent obligés d'enfermer leurs barbes dans des bourses de taffetas rose. (*Nouvelles Ecclésiastiques.*)

Pour revenir aux collèges proprement dits, rappelons que ce fut au collège de Coqueret qu'en 1549 on représenta le *Plutus* de Ronsard; aux collèges de Boncour (1552) et de Reims (1555), la *Cléopâtre* de Jodelle; au collège de Beauvais : *la Trésorière* (1558) et, le 16 février 1560, *Jules César* et *les Esbahis* de J. Grévin; enfin, au collège d'Harcourt (aujourd'hui lycée Saint-Louis) l'*Achille* de Nicolas Filleul (21 décembre 1563).

Page 29. — ... *feu Mlle de Gournay*. — Fille d'alliance de Michel Montaigne, elle fit la préface des *Essais*, et mourut le 13 juillet 1645.

Page 30. — *Eucherius* — dans *Stilicon*, tragédie de Thomas Corneille représentée en 1660.

Sceuole. — Tragédie de P. Du Ryer (1646).

Page 31. — ... *Sentimens des Peres & des Conciles*. — Les Pères de l'Église qui ont écrit contre le théâtre sont : Tertullien (*de Spectaculis*), saint Cyprien (d'), saint Augustin, Salvien, saint Jean Chyrsostôme, saint Clément d'Alexandrie (au IIe siècle), Arnobe (au IIe), saint Jérôme, Lactance, l'abbé Nilus (au Ve), saint Héphrem (au VIe), saint Isidore de Séville (au VIIe), saint Bernard (au XIIe) et saint Thomas (au XIIIe).

Les conciles qui se sont occupés des spectacles sont ceux : d'Elvire en 305; d'Arles (314-450), les deux conciles de Carthage; ceux de Trulle, à Constantinople (792), de Châlon-sur-Saône (813), de Paris (829), de Ravenne (1286) et de Tours (1585).

Voir à ce sujet, outre le fameux ouvrage de Desprez de Boissy, l'*Histoire & Abrégé des ouvrages latins, italiens & françois pour & contre la comédie & l'opéra*, imprimé à Orléans, & se vend à Paris, chez Robustel & Legras, 1687, in-12; *Questions importantes sur la comédie de nos jours*, par M. l'abbé Parisis, dr en théologie, Valenciennes, 1789, in-8°; et *Instruction sur les Spectacles*, par l'abbé Hulot, vicaire de Charleville, 1823, petit in-12

Page 32. — *L'abbé Claude Boyer* — « dont l'expreſſion eſt noble » avait dit Chappuzeau six ans plus tôt (*Europe vivante*, t. Ier, 1667, pag. 316), fut reçu de l'Académie française en 1666.

Page 33. — *La peinture eſt vne poëſie.* — C'est l'*Ut pictura poesis* d'Horace, qui servira plus tard d'épigraphe aux *Réflexions critiques sur la poésie et sur la peinture,* par l'abbé J.-B. Du Bos (1719): ce curieux ouvrage, plein de recherches savantes sur le théâtre et la déclamation des anciens, a été souvent réimprimé et mérite d'être consulté par les comédiens.

Page 40. — *Gens deuouez au ſeruice de l'Egliſe .* — On pourrait leur appliquer l'épitaphe connue de l'abbé Pellegrin (1745) :

> « Le matin catholique et le soir idolâtre,
> Il dîne de l'autel, et soupe du théâtre. »

Feſtes de l'Amour & de Bacchus, — pastorale en 3 actes de Quinault, musique de Lully et des Brosses (1672).

Cadmus et Hermione, — tragédie-opéra de Quinault et Lully, représentée d'abord au Jeu de Paume du Bel-Air, rue de Vaugirard, près du Luxembourg (1673); ce fut le premier opéra qui parut sur le théâtre du Palais-Royal après la mort de Molière.

Ce qui ne ſeroit ſouffert en France. — On sait, en effet, que Tartuffe se produisit « fous l'ajuſtement d'un homme du monde ». Molière, dans le second Placet, dit qu'il lui a donné « un petit chapeau, de grands cheveux, un grand collet, une épée, & des dentelles ſur tout l'habit ».

Page 41. — *Hérode.* — C'est l'*Herodes infanticida,* tragédie de Daniel Heinsius poëte et commentateur hollandais (1632).

Deux Sophonisbe. — Celle de Mairet (1629) et celle de Pierre Corneille (1663). Il y avait eu quatre tragédies de ce titre avant la première : de Melin de Saint-Gelais (1560), de Marmet (1583), de Montchrétien (1596) et de Nicolas de Montreux (1601). — La Grange-Chancel en fit une en 1716, qui n'a pas été imprimée.

Page 47. — *La belle inuention des machines.* — Torelli travailla pour Molière au Petit-Bourbon; Gaspardo Vigarani fut appelé par Mazarin, et construisit aux Tuileries la salle des Machines où fut représentée *Psyché.* (Voir à ce sujet le curieux livre de M. Ludovic Celler : *Les Décors au xvii*e *siècle,* Paris, 1868.)

Page 48. — *La Toison d'or*, — tragédie de P. Corneille (1660), avait pour premier titre *les Amours de Médée*.

Vn Grand Seigneur. — Le marquis de Sourdéac. — *Son château* — du Neubourg en Normandie. — Le Roi, ne pouvant faire venir la pièce à lui, à cause des machines, allait à elle, au Marais surtout, qui avait la spécialité des ouvrages à grands décors.

Page 49. — *Comédiens Espagnols* — arrivés en 1660, à l'occasion du mariage du Roi avec l'infante d'Espagne, et de la paix des Pyrénées. Ils débutèrent à Paris, en juillet. (Voir *les Comédiens espagnols en France*, par Éd. Fournier. *Revue des provinces*.)

Nos plus agreables comedies ayant été copiées sur les leurs,— témoins Corneille, Rotrou, Scarron, Molière, Hauteroche et Chappuzeau lui-même.

Comédiens Anglois.—Voici ce qu'il en avait dit six ans plus tôt, pages 214-215 de son *Europe Viuante :* « Comme à Paris, il y a à Londres trois troupes d'excellents comédiens : la *troupe Royale*, qui joue tous les jours pour le public, & d'ordinaire tous les jeudis après soupé, à Witthal; la *troupe de Monsieur*, frère unique du Roy, dans la place de Lincoln, qui réussit admirablement dans la machine & qui va maintenant de pair avec les Italiens, & une troisieme au *Drury-Lane*, qui a grand abord. »

Page 50. — *Witthal*. — C'est « White-Hall », le palais des Rois d'Angleterre, non loin de Westminster-Abbey.

Montezuma, tragédie de Dryden, et *Mustapha*, peut-être une traduction de la tragédie de Mairet représentée en 1630.

LIVRE II.

Page 63. — ... *pressentir le bon ou le mauuais succez*. — Cette assertion de Chappuzeau reçoit tous les jours le plus formel démenti. Le caprice du public est tel, que ni comédiens, ni directeurs, ni critiques de profession, ne peuvent prédire le succès d'un ouvrage.

Autant prétendre deviner aujourd'hui de quel côté le vent soufflera demain !

— *Il y en a cinq.* — Hauteroche, Poisson, Brécourt, La Thorillière et Champmeslé.

Page 6₄. — ... *bonne que pour le cabinet.* — On voit ici la vraie signification du mot *cabinet,* qui provoque aujourd'hui un rire grossier au vers du *Misanthrope.*

C'est ainsi qu'à la même époque, Montfleury disait en parlant d'un ouvrage :

« Cu'il entre au cabinet, et n'en sorte jamais. »

Au xvii° siècle, l'équivoque n'était pas possible.

Page 65. — *On s'affemble.* — La fille de Du Croisy, depuis Mˡˡᵉ Poisson, nous a laissé quelques détails sur Molière : « Quand il lisait ses pièces aux comédiens, dit-elle, il voulait qu'ils y amenassent leurs enfants, pour tirer des conjectures de leurs mouvemens naturels. » (*Mercure de France,* Mai, Juin 1740.)

Quand toute la pièce eft leüe, — on sent que tout ce chapitre de Chappuzeau a été vécu : c'est un souvenir de sa vie d'auteur, une scène vraie racontée *de visu.*

C'eft l'écueil où plufieurs poëtes viennent échouer. — On a souvent reproché à Molière ses dénoûments. Le Père Rapin, dans ses *Réflexions sur la Poëtique,* dit que l'ordonnance de ses comédies est toujours défectueuse en quelque chose, et que ses dénoûments ne sont point heureux.

Page 66. — ... *des plus celebres.* — Racine, excellent lecteur, fut le maître de la célèbre tragédienne Champmeslé, qu'il forma à la déclamation, disent les *Anecdotes dramatiques,* en la faisant entrer dans le sens des vers qu'elle avait à réciter, en lui montrant les gestes, en lui dictant les tons, et en les lui *notant* même quelquefois.

D'autres qui ont le récit pitoyable. — Tel Corneille, dont la prononciation n'était pas tout à fait nette, dit un de ses biographes. Il lisait ses vers avec force, mais sans grâce ; il n'ornait pas ce qu'il disait, et, pour trouver le grand Corneille, il le fallait lire.

Page 67. — ... *faire en peu de jours des pieces.*—Les Fâcheux, ouvrage conçu, fait, appris et représenté en quinze jours (voir la *préface* de Molière); *l'Amour médecin*, proposé, fait, appris et représenté en cinq jours. (v. *l'Avis au lecteur*). Et Grimarest prétend que Molière travaillait difficilement !

Page 68. — ... *tient au double,*—c'est-à-dire le prix des places étant *doublé*, comme on fit pour les *Précieuses ridicules.*

Page 69. — *L'hiver est destiné pour les pieces héroïques.*

En novembre furent représentées pour la première fois les tragédies de : *Bérénice, Andromaque, Othon, Pulchérie.*

En décembre, *Alexandre* et *Britannicus.* Etc[1].

En janvier, *Bajazet* et *Mithridate.*

En février, *Dom Garcie* et *la Toison d'or.*

En mars, *Ariane* et *Attila.*

—*Les comiques règnent l'été.*

En mai, *les Fourberies de Scapin.*

En juin, *le Cocu, l'École des Maris, le Misanthrope, le Sicilien, Amphitryon.*

En juillet, *George Dandin, Psyché, Escarbagnas.*

En août, *les Fâcheux, le Médecin malgré lui, Tartuffe.*

En septembre, *l'Amour médecin* et *l'Avare.*

Page 70. — *Toujours le vendredy.* — Non pas toujours, comme l'affirme Chappuzeau, mais le plus souvent.

Relevons sur le *Registre de La Grange* les premières représentations qui furent données le vendredi au théâtre de Molière, de de 1659 à 1673 : *Zénobie, Dom Quichot, la Vraie et la Fausse Prétieuse, Dom Garcie, le Tyran d'Égypte, le Riche impertinent, l'École des Maris, les Fâcheux, Arsace, Tonaxare, la Critique de l'École des Femmes, le Grand Benêt de fils, le Mariage forcé, la Thébaïde, le Favory, la Mère coquette, Alexandre, le Misanthrope, le Médecin malgré lui, Attila, le Sicilien, Tartuffe, la Pastorale de De Visé, Cléopâtre, Amphitryon, la Folle Querelle, les Maux sans remèdes, Pourceaugnac, le Désespoir extravagant, Bérénice, Psyché, les Femmes savantes, la Comtesse d'Escarbagnas* et *le Malade imaginaire.*

Les Précieuses ridicules, *l'École des Femmes*, *les Médecins* et *l'Imposteur*, furent données le mardi.

Le Cocu, *l'Impromptu*, *la Princesse d'Élide*, *le Festin de Pierre*, *l'Avare*, *le Bourgeois gentilhomme* et *Scapin*, le dimanche.

Page 71. — *L'alternative avec un camarade.* — Voir cette clause du contrat de société entre les comédiens de l'Illustre Théâtre (30 juin 1643), publié par M. Louis Moland, dans *le Français* du 16 janvier 1876 :

« Accord est faict envers Clerin, Pocquelin & Joseph Bejart, qui doivent choisir alternativement les héros. »

... *actrices*, *qu'il y a un peu plus de peine à régler.*

Vers 1652, Molière, écrivant à Chapelle, lui avait marqué le déplaisir que lui donnaient ses trois grandes actrices, Madeleine Béjart, Magdelon et Menou, pour la distribution des rôles. Chapelle lui répondit : « Il faut être à Paris pour en résoudre ensemble et remédier à ce démêlé qui vous donne tant de peine. En vérité, grand homme, vous avez besoin de toute votre tête en conduisant les leurs, et je vous compare à Jupiter pendant la guerre de Troie. Qu'il vous souvienne donc de l'embarras où ce maître des dieux se trouva sur les différents intérêts de la troupe céleste, pour réduire les trois déesses (Pallas, Junon et Cypris) à sa volonté. » Extraits de cette curieuse lettre, publiés par le bibliophile Jacob dans *la Jeunesse de Molière*.

Page 73. — *Catalogue des auteurs.* — Toujours modeste et timide, le pauvre Chappuzeau s'est oublié dans cette liste, où il était digne de figurer à côté de Boyer, de Gilbert, de d'Aubignac, avant les Le Clerc, les La Clairière, les Bigre et autres obscurs. — Il serait trop long et peu utile de donner une notice sur chaque auteur et chaque pièce; nous éclaircirons seulement les points douteux ou peu connus, renvoyant pour le reste aux *Dictionnaires des Théâtres*, aux *Anecdotes dramatiques*, à la *Biographie universelle* et aux notes qui figurent dans l'édition du *Théâtre français* donnée par M. Éd. Fournier, en 1867.

Page 74. — *Germanicus.* — C'est la *Princesse de Clèves*, tragédie en 5 actes, imprimée avant représentation, puisque Chappuzeau la mentionne dès 1674, et qu'elle ne fut jouée qu'en 1678-79.

M. Boyer. — L'abbé Claude Boyer, « dont l'expression est noble, » avait dit Chappuzeau dans son *Europe Viuante,* — fut, en 1663, présenté pour une pension par Chapelain, qui ne craignit pas d'avancer que, « comme poëte de théâtre, il ne le cédoit qu'au seul Corneille. »

M. de Corneille l'aisné — « l'emporte de belle hauteur & sur tous les poëtes de l'Antiquité & sur tous les poëtes du temps. » (*Europe Viuante.*)

2 *Volumes folio.* C'est l'édition de 1664.
3 *vol.* 8ᵃ ,   —   1663.
4 *petits 12.*   —   1664.

Page 75. — *M. Corneille le jeune,* — « qui ne le doit céder qu'à son aîné » (Loc. cit.) :
4 *tomes 12.* Édition de 1669.

Page 76. — *M. Gilbert* — « qui a fait de beaux ouvrages » (*Eur. Viv.*) Gabriel Gilbert, était comme Chappuzeau, protestant : il mourut en 1675.

M. Quinaut — « qui fait parfaitement la carte de Tendre & qui touche si bien les passions amoureuses. » (*Eur. Viv.,* t. Iᵉʳ p. 316.)

L'Etourdi. — C'est l'*Amant indiscret* ou le *Maistre Etourdy,* C. 5 a v. (1654), qu'il ne faut pas confondre avec l'*Estourdy* de Molière, premier en date (1653.)

Page 76. — *Représentée au Louvre,* — devant la cour, le 5 décembre 1660, à l'occasion de la paix des Pyrénées.

Page 77. — *Monsieur D. V.* — C'est De Visé (Jean Donneau), rédacteur du *Mercure Galant*. On l'a souvent confondu, à cause des initiales, avec De Villiers, qui est l'auteur des *Coteaux* ou *le Marquis friand,* comédie attribuée par Chappuzeau à De Visé.

Page 78. — *Très-bien écrit du théâtre.* — D'Aubignac (François Hédelin, abbé), est en effet l'auteur de la *Pratique du Théâtre,* 1657.

M. de Benferade. — Chappuzeau l'avait déjà cité dans son *Europe* « pour les pièces galantes ».

M. Le Clerc — (Michel), né en 1622, mort en 1691.

M. de la Clerière. — C'est Coqueteau de la Clairière, poète rouennais, dont Molière donna la tragédie de *Pylade*, qui eut trois représentations au théâtre du Petit-Bourbon (21 novembre 1659).

Mlle des Jardins — Marie-Catherine-Hortense de Villedieu, née en 1632, à Alençon, auteur de plusieurs romans, avait suivi pendant quelque temps Molière en province.

Page 79. — *M. des Marests* — de Saint-Sorlin (Jean), né en 1595.

M. de Montauban — Jacques Pousset, écuyer, avocat au Parlement, mort en 1685. Lié avec Despréaux, Racine et Chapelle, il travailla à la comédie des *Plaideurs*.

M. de Salbret. — Son vrai nom est Sallebray.

M. de Boisrobert — François Lemétel, abbé de Boisrobert (1592-1662).

Page 80. — *M. Claveret* — (Jean), avocat, né à Orléans.

M. Douville — Antoine Lemetel, frère de l'abbé de Bois-Robert.

M. Gillet — de la Tessonnerie, né en 1620. — Sa première pièce, *le Triomphe des cinq Passions*, tragi-comédie, en 5 a. v. est de 1642.

M. de Gombaud. — Jean-Ogier de Gombault, calviniste, mort en 1668, presque centenaire.

M. Magnon — (Jean), ami de Molière, fut assassiné sur le Pont-Neuf, par un amant de sa femme, le 18 avril 1662.

Page 81. — *M. Maréchal.* — Antoine Maréchal, avocat au Parlement.

M. de la Menardière. — Jules-Hippolyte Pillet, médecin de Gaston d'Orléans, mourut en 1663.

Page 81. — *M. de Molière.* — Chappuzeau ne cite que 21 pièces. Les neuf qu'il omet ne furent publiées, sauf *le Sicilien*, qu'en 1682, dans des *Œuvres Posthumes de M. de Molière,* 2 vol. D. Thierry et Barbin.

M. Pichou. — *La Phillis de Scire*, comédie pastorale, est une traduction de l'italien, dont le cardinal de Richelieu faisait grand cas.

Page 82. — *M. de Scudery*. — Georges de Scudéry (1601-1667) frère de la fameuse Madeleine de Scudéry.

M. de la Serre. — Jean Puget (1600-1666).

M. Tristan. — François Tristan l'Hermite de Souliers, gentilhomme de *Monsieur* (1601-1655), était frère de Tristan l'Hermite de Vauzelles, qui fit quelque temps partie de *l'Illustre Théâtre*. Son début et son chef-d'œuvre, *Marianne*, fut représenté au Marais en 1636, et sa dernière tragédie, *Osman*, fut publiée après sa mort par les soins de Quinault (1656).

LIVRE III

Nos notes seront très-rares pour ce livre III, qui trouve son commentaire presque complet dans le *Registre de La Grange* et la savante préface dont M. Édouard Thierry l'a fait précéder. Ne voulant pas, d'ailleurs, faire double emploi avec *le Théâtre-Français sous Louis XIV* de M. Despois, et *l'Histoire administrative de la Comédie française* par M. Bonnassies, nous nous bornons à renvoyer le lecteur à ces deux excellents livres, pleins de faits et d'informations authentiques.

Page 87. — *Je ne suis ny Poëte, ny Comedien.* — Chappuzeau, qui s'est oublié sur la liste des auteurs, n'aurait-il donc été qu'un simple *prête-nom* dans les nombreux ouvrages qu'il a signés?

Page 90. — *Déuoué aux hôpitaux...* — En 1657, deux représentations sont données à Lyon, au bénéfice des pauvres de la ville (Archives de l'Hôtel-Dieu de Lyon, citées par M. Péricaud). L'année suivante, Molière abandonne au profit de l'Hôtel-Dieu de Rouen le produit de sa 1re représentation (20 juin 1658).

Page 98. — *A la femme en consfidération du mari.* — Ainsi pour les femmes de La Grange et de Du Croisy.

Page 100. — *Le dernier prince d'Orange.* — Guillaume II, mort le 26 octobre 1650.

Page 101. — *L'une des trois grandes Républiques.* — Celle de Genève.

Page 104. — *D'un bord de la Seine à l'autre.* — De la rue Mauconseil à la rue Mazarine (1674).

Page 105. — *A Saumur.* — A cette époque, les représentations théâtrales s'y donnaient au Jeu de Paume du Portal des Billanges (ou de la Billange) habité par Thomas Asseline et Jeanne Avril, sa femme, sur la paroisse Saint-Nicolas (1615-1640). Il est très-probable que Molière y a joué, se rendant à Angers, à Nantes, ou à Tours; nos recherches, faites à Saumur même, sont demeurées sans résultats. Signalons à nouveau la date de 1648 à M. le bibliothécaire de la ville.

Page 105. — *Troupe de Filandre.* — Cette troupe, qui s'intitula plus tard troupe de M. le Prince de Condé, était dirigée par un certain J.-B. Philandre-Monchaigre, qui joua Florisel de *l'Agesilan de Colchos,* de Rotrou, avec Ch. Guérin (Rosaran) Mlle Guérin (Diane) et les petits Guérin (un page et Anaxante), suivant une note du théâtre de Rotrou (in-4°, V^e^ vol., bibl. de l'Arsenal). Baron et le couple Beauval en firent partie quelque temps. M Chardon, du Mans, qui prépare en ce moment un travail sur le *Roman comique,* croit pouvoir établir que la troupe de Filandre est celle qu'a décrite Scarron en 1651.

Saint-Germain. — Ce fut au château de Saint-Germain-en-Laye que fut représentée pour la 1re fois, le 2 décembre 1671, *la Comtesse d'Escarbagnas,* comédie-ballet avec intermèdes, pour fêter l'arrivée de Madame, princesse de Bavière.

A Cambor. — Le château de Chambord, magnifique monument de la Renaissance, est situé à trois ou quatre lieues de Blois. Molière y fit deux voyages: le 1er, en octobre 1669, pour *Monsieur de Pourceaugnac*; le second, en octobre 1670, pour *le Bourgeois gentilhomme.*

... Ou en d'autres lieux... — notamment Fontainebleau, où la

troupe de Molière parut trois fois, en juillet et août 1661 et en juillet 1664.

Page 110. — *En visite.* — Nous avons relevé, dans le Registre de La Grange, cent quinze *visites* faites par Molière et sa troupe, du 16 avril 1659 (*le Dépit amoureux,* au Château de Chilly-Mazarin, où le grand maître de l'artillerie donnait un régal au Roi), au 11 août 1672 (à Saint-Cloud, chez Monsieur).

Page 112. — *Ils sont toujours bien vêtus.* — V. dans les *Recherches sur Molière* de M. Eudore Soulié, la description des garde-robes de Molière, de sa femme et de Madeleine Béjart (Inventaires, p. 251, 252, 273, 274, 277).

... *Peu de Comediens devenir riches.* — Cependant Joseph Béjart (l'aîné) avait laissé en mourant 24,000 écus en or (1659); sa sœur Madeleine, avait chez elle, au jour de son décès (17 février 1672) pour 3,000 livres de bijoux et argenterie, et 17,809 livres d'argent comptant, c'est-à-dire près de 90,000 francs de notre monnaie actuelle. — Floridor était riche aussi.

L'actif de la succession de Molière fut de près de 300,000 francs d'aujourd'hui. (V. le savant article publié à ce sujet, dans *l'Univers illustré,* par M. Léon Guillard, en 1868.)

Page 113. — ... *qui marque les entrées & les sorties.* — Ce papier attaché à la toile est aujourd'hui remplacé par le *memento* du second régisseur, vulgairement appelé *conduite de la pièce.*

Page 115. — *Sur la fin du règne de François I*ᵉʳ. — Le 30 août 1548 fut passé le contrat d'acquisition de partie de l'Hôtel de Bourgogne, par les maîtres de la Confrérie de la Passion.

Page 119. — *Hauteroche* — Noël le Breton, sieur de Hauteroche (1617-1707), est ici cité comme l'auteur du *Deuil,* comédie en un acte en vers, attribuée aussi à Thomas Corneille.

Poisson. — Raymond Poisson, le premier Crispin (1633-1690).

Page 120. — *Brécourt.* — Guillaume Marcoureau de Brécourt, mort en 1685. Sa *Louange au Roy sur l'Edit des duels* concourut, en 1671, pour le prix de l'Académie française, qui couronna une pièce de vers de La Monnoye.

Page 121. — *Hiftoire de la troupe du Marais.* — V. la très-complète *Histoire du théâtre du Marais*, de M. Victor Fournel (*Contemporains de Molière*).

Page 122. — ... *à une extrémité de Paris.* — Rue Vieille-du-Temple, entre la rue de la Perle et celle des Coustures-Saint-Gervais. (V. le plan de Gomboust.)

Page 123. — ... *fin de l'année 1659.* — C'est 1658 qu'il faut lire ; et encore la troupe ne quitta le Petit-Bourbon pour le Palais-Royal, qu'en 1661.

Sur les foffés de Nefle, — au Jeu de Paume du *Métayer*, près la porte de Nesle (1643), dans l'angle formé par la jonction des rues de Seine et Mazarine. Berty, dont la mort est venue interrompre les éminents travaux, a nettement délimité l'emplacement de ce jeu de paume et de celui de la rue de Buci, où joua l'*Illustre Théâtre* (maison aujourd'hui dans l'alignement, naguère occupée par le café de France). On s'en convaincra lorsque paraîtra, si elle paraît, la suite de son grand ouvrage sur la topographie de Paris.

Au quartier de Saint-Paul. — Vers le port Saint-Paul, au Jeu de Paume *de la Croix-Noire*, entre le quai des Ormes et la rue des Barrés, en face du couvent de l'Ave Maria. Molière demeure à cette date au coin de la rue des Jardins-Saint-Paul (1645.) Nous savons de bonne source qu'un amateur du vieux Paris, M. Collardeau du Heaune, prépare en ce moment un travail, accompagné de plans, sur ce jeu de paume où Molière fit sa troisième étape.

A Lyon & en Languedoc. — De 1653 à 1658.

Page 125. — *L'art de plaire, qui est le grand art.* — C'était bien l'avis de Molière lui-même, qui fait dire à son Dorante de *la Critique de l'Ecole des femmes :* « Je voudrois bien savoir si la grande règle de toutes les règles n'eft pas de plaire. »

Page 126. — *Les premiers de la Cour.* — Le prince de Conti, le maréchal de Vivonne, et surtout le prince de Condé, auquel on prête cette belle parole : « Corneille est le bréviaire des rois, Molière est celui de tous les hommes. »

Page 127. — ... *quatre personnes de cette troupe.* — Baron, La Thorillière et le couple Beauval.

*Page 129. — *Rosimont.* — Claude La Rose, sʳ de Rosimond, mort le 1ᵉʳ novembre 1686, donna au théâtre du Marais : *le Nouveau Festin de Pierre* ou *l'Athée foudroyé,* tr.-c. 5 a. v., en novembre 1669; en 1670, *l'Avocat sans étude,* c. 1 a. v., que la traduction hollandaise attribue par erreur à Molière. En 1680, il publia, sous le nom de J.-B. Dumesnil, une *Vie des saints pour tous les jours de l'année,* in-4°.

Page 134. — ... *douze ou quinze troupes.* — En 1667, Chappuzeau en avait signalé huit ou dix dans le tome Iᵉʳ de son *Europe Vivante.* Les troupes de Charles Dufresne, de Madeleine Béjart et de Molière avaient ouvert la route à d'autres moins célèbres. Celles de Beaupré (1647), de Dupré (1649), de la Plesse, du duc d'Épernon à Bordeaux, de Desfontaines (1651), de Cadot et de Lamotte (1653), de Villobé (1654) et de Cormier (1655), s'étaient tour à tour fondues, séparées, réunies de nouveau. Il faut y joindre la troupe de La Roque, celle de Du Croisy qui se joint à Molière à Rouen (1658), celle de La Cousture qui existe déjà en 1652, et que nous retrouvons à Abbeville en 1664. Enfin la troupe des Daufins ou de Raisin, celles de Filandre, de Nicolas Ozou (Arras, 1664), et de Paphelin (Lyon, 1665-66), continuent d'exploiter les provinces, alors que l'Hôtel de Bourgogne et le Marais ont cessé leurs excursions ou tournées accidentelles.

Page 136. — *S. A. R. le duc de Savoie.* — Charles-Emmanuel.

De Beauchamp. — Jean Uscet de Beauchamps, dont la femme, Claudine Mallet, accoucha à Paris le 11 février 1673 d'une fille, Jeanne, que tinrent sur les fonts de l'église Saint-Sauveur Molière (six jours avant sa mort) et Mˡˡᵉ Beauval. La signature qu'on lit au bas du baptistaire de Jeanne Uscet fut peut-être la dernière qu'ait donnée Molière.

Page 137. — *Le f Milo.* — Probablement Millot, beau comédien, gravé par C. Jac. Thourneusen, d'après Car. Dauphin.

Page 138. — *Les ducs de Brunfwick & Lunebourg* — auxquels est dédié *le Gentilhomme de Beauce* de Montfleury (Hôtel de Bourgogne, 1670). Voir l'épître dédicatoire de cette comédie.

Page 139. — *Un Décorateur.* — Quelquefois cet emploi était rempli par un des acteurs de la troupe, par un certain Francœur, sieur de Belleroche, en 1664. (V. Eud. Soulié, p. 211.)

Page 146. — *Les violons au nombre de fix.* — Voir *la Musique à la Comédie française*, par Jules Bonnassies.

Page 153. — *Déclaration du Roy.* — Malgré cette déclaration, affichée le 10 janvier, de nouveaux désordres se produisirent au Palais-Royal le vendredi 13, pendant une représentation de *Psyché*. (V. Campardon, *Documents inédits sur J.-B. Poquelin Molière*.)

Page 158. — *de Ryantz.* — Messire A.-J. de Ryant ou de Riants, procureur du Roy, auquel est dédiée la première édition de *l'Estourdy* (1662) précédée d'une épître de Barbin, l'éditeur.

Page 159. — *... un de nos critiques modernes.* — M. Le Fèvre, auteur des *Vies des Poëtes grecs en abrégé*, à Paris, chez Charles de Sercy, 1665. Voici le passage auquel Chappuzeau fait allusion (p. 129-130) : « S. Iean Chryfoftôme auoit toufiours Ariftophane fous le cheuet de fon lit... Saint Hierofme dit de foy-mefme en vne lettre qu'il écrit à Euftochium : qu'après auoir répandu des torrens de larmes, que le fouuenir de fes pechez luy faifoit couler des yeux, il prenoit fon Plaute. » Chappuzeau aurait pu ajouter que le cardinal de La Vallette portait toujours un Terence durant ses campagnes.

Page 164. — *Il y a eu des portiers tués.* — Le 19 août 1668, au Palais-Royal, dont Saint-Germain, le principal portier, avait été blessé en mars 1661. (V. *Registre de La Grange*.)

Page 165. — *Six ans avant fa mort.* — C'est *neuf* ans qu'il faut lire, si l'on en croit La Grange lui-même, qui dit avoir *annoncé* depuis le vendredy 14 novembre 1664.

Page 166. — *La Grange.* — Charles Varlet, né à Amiens en 1639 ou 1640. La vie de cet honnête homme, de ce comédien de talent, a été écrite d'une manière définitive par M. Éd. Thierry, qui lui applique avec raison ces vers du *Ragotin* de La Fontaine :

« Ce comédien
Si jeune, si bien fait, qui déclame si bien,
Qu'on aime tant, et qui, quand la pièce est finie,
Vient toujours saluer toute la compagnie
Et faire un compliment. »

. Son précieux *Registre* est une sorte de journal de la vie de Molière, de 1659 à 1673.

G. M.

Paris. — Imprimerie A. QUANTIN et Cⁱᵉ, 7, rue Saint-Benoit. — |277|

www.ingramcontent.com/pod-product-compliance
Lightning Source LLC
Chambersburg PA
CBHW070616100426

42744CB00006B/496

*9 7 8 2 0 1 2 6 9 0 2 9 5 *